전래동화를 활용한

동화치료

박차숙 · 이진영 · 안병진 공저

학지사

당신을 거치는 사람은
누구나
더 나아지고
행복해져서
떠나게 하라

마더테레사

　어린 시절 우포늪 근처의 우리 동네 뒷동산에는 아름드리 당산나무가 있었다.

　그곳은 누군가 부르는 소리가 들리면 친구들이 하나둘 약속 없이 모여들었던 그 시절 우리의 디즈니랜드였다. 당산나무는 서너 갈래의 큰 가지로 나뉘어 어린 우리가 구역 다툼 없이 놀기에 충분했다. 지금도 낯선 동네를 가면 동네 어귀에 당산나무가 가장 먼저 눈에 들어온다. 아마도 어릴 때 추억이 언제나 잠재되어 있어서, 정서적 동요가 일어날 즈음이다 싶으면 유년기의 당산나무가 눈앞에 펼쳐지기 때문이 아닐까 생각한다.

　20대 어느 날 음악학원에서 피아노 레슨을 끝내고 교실을 막 나오는데, 아이들이 모여앉아 다음 과정을 지루하게 기다리고 있는 걸 보고 얼른 아이들 틈새를 비집고 자리를 잡았다.

　"선생님이 이야기 하나 해 줄게. 옛날 옛날에 어느 동네 뒷산에 펠구나무가 있었어……."

　나는 어릴 때 뛰어놀았던 당산나무를 즉흥적으로 각색하여 이야기를 시작했다. 아이들은 눈을 동그랗게 뜨고 내 이야기에 집중했다. 그 아이들의 반짝이는 눈빛을 보고 있자니 나의 상상력과 환상이 더해진 펠구나무(학명: 팽나무) 이야기가 평범한 위기와 절정을 맞는 일은 불가능하다는 것을 알 수 있었다. 그날 아이들의 기대치에 맞춰 풍성한 상상과 환상을 더하여 이야기의 위기와 절정을 구성하다 보니, 지금은 어떻게 각색했는지 기억조차 나지 않는다. 아이들을 집에 돌려보내며 선생님이 해 준 펠구나무 이야기를 어머니께 전달하는 활동을 하게 하였다. 다음 날, 예쁜 찻잔을 사 들고 직접 학원을 방문하신 어머니께서 어떻게 그렇게 예쁜 동화를 들려 주셨냐며 동화책 제목을 알러 달라고 하셨던 일화가 생각난다.

아동의 행동수정 사례마다 아이들이 흥미롭게 할 수 있는 활동이 없을까 매번 고민하다가 정여주 교수님의 '어린왕자 미술치료' 워크숍에 참여하여 아이들에게 동화로 접근할 다양한 기법을 정돈할 수 있었다. 현장에서 창작동화, 미술치료, 푸드아트, 놀이치료, 음악치료, 학습치료, 코딩을 활용한 상담 등 다양한 방법을 아이들에게 적용하기 시작하자 센터에 오지 않겠다는 아동이 점차 줄어드는 흥미로운 결과도 얻었다.

상담현장에서 내담자가 아동인 경우 대부분 자신이 문제상황을 일으켰다는 것을 인식하기 때문에 불안하고 긴장된 상태에서 상담이 진행된다. 전래동화는 아동 대부분이 한 번쯤은 이야기를 들어 봤기에 자연스럽게 동화 내용에 참여할 수 있고, 활동 과정에서 불안과 긴장을 완화시켜 준다. 아동 행동수정의 경우, 특히 지시와 명령이행 과정은 아동과 치료사의 신뢰가 형성되지 않으면 방어와 거부가 많이 나타나곤 하는데, 아이들과 친숙한 동화를 활용하여 치료로 다가갔을 때 아이들은 심리적으로 안정되고 치료사와의 신뢰형성 과정이 훨씬 편안하게 진행되는 것을 볼 수 있다.

동화를 활용한 치료는 매체와 재료의 다양한 활용을 탐구하여 새롭게 다가가 아이들의 정서와 행동에 효과적인 영향을 줄 수 있는 가장 편안한 치료적 접근이라 생각한다. 전래동화를 활용한 동화치료는 아이들이 이야기의 내용을 대부분 알고 있어서 자칫 흥미를 잃어버릴 수 있다. 그러나 다양한 질문을 통하여 내담자가 현재 겪고 있는 갈등과 불안을 자연스럽게 노출하고 문제를 해결해 나가는 계기가 될 수 있다.

동화를 활용한 활동에서는 동화 내용을 새롭게 각색하거나 가장 기억나는 장면을 표현하기도 하고 재료 사용의 기법을 다르게 접근하기도 하여 실감 나는 동화구연의 묘미를 더했을 때, 뻔히 아는 이야기인데도 아이들은 흥미로워한다. 종이인형극이나 점토인형극을 활용하여 놀이치료에 접근하면서 규칙과 제한을 적절히 활용한다면 행동수정에 대한 거부감이 줄어 행동변화가 일어난다. 그리고 동화 속 상황을 확장하거나 전환하여 투사하기도 하고, 다양한 동화 활동을 적용하여 내담자의 심리를 편안하게 노출하는 과정도 진행한다.

　동화치료 과정 중 특히 흥미로운 창작동화 영역에서는 그림 동화로 글쓰기의 부담을 줄여서 창작 활동을 진행하는 것 자체가 재미있다. 또한 그림을 과장하거나 축소 또는 소거하여 의미를 부여하는 활동을 통해 끝내 작품을 완성했을 때 느끼는 성취감이 자신감과 자존감을 향상시키므로 동화치료의 꽃이라 불러도 과언이 아니다. 자신이 창작한 동화로 아쉬운 점이나 동화의 내용과 제목을 새롭게 고민해 보기도 하고, 집단으로 진행 시 완성된 내용과 제목 정하기 활동 과정에서 주위 사람들의 의견을 수용하고 거절하는 것까지 자연스럽게 활동으로 연결할 수 있다.

　동화를 있는 그대로 활용하든 그 내용을 확장시키든 간에 동화치료 활동을 하다 보면 상담 과정의 주체가 내담자라는 사실을 깨닫고, 상담사가 예측하는 범위를 훨씬 벗어나는 경이로운 결과를 빈번하게 접할 수 있다. 독자 여러분도 이 책을 계기로 동화치료의 효과에 관심을 가져 보길 희망한다.

　이 책이 나오기까지 많은 도움을 받았다. 무엇보다 재미있는 전래동화에 다양한 매체와 창의적인 기법을 활용하여 많은 사람과 공유할 수 있는 기회를 준 어린 시절 풍요로운 시골의 정서와 환경에 감사한다. 책을 집필하는 동안 많은 도움을 주신 강새로운 선생님과 『전래동화를 활용한 동화치료』를 출판할 수 있는 기회를 제공해 주신 학지사에 감사드린다.

　마지막으로, 사례를 정리하는 동안 작은 방에 칩거할 수 있는 시간을 허락해 준 남편과 아들에게도 감사를 전한다.

2019년 4월
저자 대표 박차숙

제2부　다양한 방법을 활용한 동화치료

제9장　동화를 활용한 놀이치료 / 229

제10장　동화를 활용한 음악치료 / 257

Using
Traditional
FairyTale

Fairy
Tale
Therapy

Using traditional fairy tale

Fairy Tale Therapy

제1장

동화와 동화치료

1. 동화의 이해

 동화의 개념

- 동심을 바탕으로 하여 어린이를 위해 쓴 문학이다.
- 동심을 바탕으로 한 꿈과 모험이 있는 판타지 이야기이다.
- 공상과 상상 속의 이야기를 내용으로 전개한다.

 동화의 형태

🍁 이야기 동화
구전되거나 서술된 문자 형태의 이야기이다.

🌿 그림 동화
동화 이야기를 그림으로 나타낸 것이다.

동화의 분류

전래동화

- 구전동화: 입에서 입으로 전해 내려오는 이야기로 옛날부터 부모님이나 할머니로부터 전해 듣는 형태의 이야기이다.
- 해피엔딩: 이야기의 결말이 긍정적으로 마무리된다.
- 작자 미상: 지은이를 알 수 없다.
- 권선징악: 악한 것은 벌하고 선한 것은 권장하는 의미로 이야기가 전개된다.
- 교훈: 나쁜 결과를 두고 뉘우치거나 반성하는 교훈적 이야기가 많다.
- 인성 주제: 전래동화에는 사람의 인성을 다루는 이야기가 많이 있다.

창작동화

- 옛날 동화이지만 지은이가 있는 경우 창작동화에 속한다.
- 학습이나 인성, 심리, 교육 등 다양한 주제를 다룬다.
- 지은이의 의도가 잘 드러난다.
- 아동의 발달단계에 도움을 주는 다양한 영역별 동화가 많이 출판되고 있다.

영역별 동화

- 인성발달 동화: 인성을 주제로 하는 이야기를 담고 있다.
- 심리동화: 등장인물의 심리 · 정서적 갈등을 그려 낸다.
- 통합발달 동화: 아동의 다양한 발달과업을 돕는 내용이다.
- 행동수정 동화: 동화 이야기에 문제행동을 수정하는 과정을 자연스럽게 노출하여 아동 스스로 자신의 행동을 직면하게 한다.
- 사회성 발달 동화: 아동의 또래관계와 학교와 학교 밖의 다양한 활동을 돕는

사회성 전반을 동화 이야기로 만난다.

- 성장·발달 동화: 동화 이야기를 통해 신체발달 및 정서발달에 도움을 받는다.
- 학습동화: 학습에 어려움을 겪고 있는 아동이 동화를 통해 학습 활동의 홍미를 느끼고 동기를 부여받는다.
- 가족동화: 동화 내용을 통하여 가족의 상호작용과 문제를 생각하고 해결하는 과정을 경험한다.
- 자기계발 동화: 다양한 전문 서적으로 자신이 잘하는 부분을 더욱 발전시켜 나갈 수 있다.
- 성교육동화: 성교육에는 문화의 차이가 있어 외국의 성교육 교재를 사용하는 것은 문제가 제기되고 있는데 다양한 발달단계에 맞춰 성교육동화로 접근하는 것은 효과적이고 긍정적으로 평가받고 있다.

동화의 특성

허구성
사실과 다르게 허풍스럽거나 과장되게 전개된다.

- 심봉사가 공양미 삼백석에 눈을 뜬다.
- 인당수에 효녀심청이 몸을 던진다.
- 연꽃에서 효녀심청이 살아 돌아온다.

비논리성
비논리적 환상적 요소를 가지고 모험하는 느낌으로 이야기가 진행된다.

- 소가 하늘에서 내려와서 콩쥐를 도와준다.
- 두꺼비가 독을 구멍으로 막아 준다.
- 새가 와서 곡식 껍질을 벗겨 준다.

의인화와 물활론적 사고

사물을 사람인 것처럼 표현하고 살아 있는 대상으로 표현한다.

- 도깨비를 사람처럼 표현한다.
- 사물을 자기중심적으로 표현한다.

과장하여 표현

사실보다 부풀려 표현한다.

- 방귀에 대한 엄청난 상상을 할 수 있도록 과장하여 부풀려 표현한다.
- 방귀를 뀌자 솥뚜껑까지 날아간다.

상징적 의미부여

전달하고자 하는 의미를 상징적으로 나타낸다.

- 복잡한 의미를 특정 사물에 부여하여 표현한다.
- 동화 소재가 나타내는 원형적 상징(물, 연꽃 등)을 나타낸다.
- 직접적인 제시가 아닌 특정 사물에 암시적으로 투사하여 표현한다.

2. 동화치료란

 ## 동화치료의 개념

동화치료는 동화를 감상하고 활동하는 과정에서 심리적·정서적 문제를 해결하고 전인적인 발달을 이루는 활동방법이다.

동화치료의 의의

공상과 판타지, 상상의 나래를 마음껏 펼쳐 놓은 동화를 읽고 느낌을 표현하는 과정에서 자신의 문제를 들여다보고 표현하며, 다양한 문제를 해결해 가는 과정을 만나는 것이다. 동화치료의 다양한 프로그램이 개발되지 않아서 동화로 치료적 접근이 가능할까 하는 의문을 가질 수 있겠지만, 어릴 때 한 번쯤 들어 본 전래동화로 다양한 매체를 활용하여 치료적으로 접근했을 때 치료 과정에서 나타나는 불안과 긴장이 완화된다.

동화는 비단 아동만을 위한 것은 아니다. 동화의 내용을 깊이 있게 분석해 보면 성인들에게도 큰 울림을 전달하는 내용이 많이 있다. 치료 과정에서 다양한 시각으로 접근하고 범주별로 치료적으로 활용하면 효과적이다.

전래동화를 활용한 동화치료

익숙한 내용의 동화

전래동화는 대부분 한두 번쯤은 다 들었던 내용이라 이야기를 편안하게 듣다가 이야기 중간에 내담자가 스스로 참여하기도 하며 자유롭게 활동할 수 있다. 동화 이야기를 알고 있던 그대로 종료하거나 중간부터 새롭게 전개해 보기도 하고 이야기가 끝난 부분부터 시작하는 다양한 시도를 하는 것도 치료적으로 흥미롭다.

🌿 다양한 방향에서 바라보는 동화의 내용

전면에 드러나는 동화의 내용을 보다 내용의 의미를 깊이 있게 살펴보았을 때 꼭 긍정적 방향의 전개였는지에 대한 의문을 시작으로 이야기를 비틀어 생각해 보기도 하고 If 상황을 활용하여 많은 예시로 접근하는 방법도 재미있는 발상을 확장시키는 계기가 된다.

🍄 동화치료사의 고려사항

- 내담자의 문제상황과 현재 내담자의 심리를 고려한 동화와 활동 주제를 선택한다.
- 내담자의 수준(동화 이해 수준, 연령)을 고려한 동화를 선택한다.
- 치료 활동에서 여러 가지 재료를 다양하게 활용하면 더 많은 흥미를 경험할 수 있다.
- 재료를 활용하여 다양한 기법으로 접근해야 활동을 지루해하지 않는다.

🍄 영역별 동화치료

- 행동치료: 미션 수행을 통한 행동수정 활동이 가능하다.
- 사회성 발달: 동화 종이연극, 점토인형극, 역할극, 극본 만들기 등의 만들기 과정에서도 협동이 일어나지 않으면 활동이 불가한 주제를 선택하여 활동하므로 또래관계와 사회성 발달이 향상된다.
- 인지치료: 동화 읽기의 다양한 기법 활동(다양한 읽기 기법, 기억활동)에서 인지적 발달이 이루어진다.
- 발달지연 및 조음장애 언어치료: 동화를 활용한 음성 코칭, 음률놀이를 활용한

동화 읽기로 언어적 지원과 발달적 지원을 함께 이루어 나간다.

🌼 동화의 치료적 접근

- 무의식의 내용을 의식화하여 문제의 방향을 찾을 수 있다.
  - 동화 속 내용을 이야기하다 보면 자신의 무의식 문제를 만나고 의식화하여 치료적으로 접근한다.
- 말로 표현하기 어려운 심리적 내용을 상징적 이미지로 묘사한다.
  - 이미지 표현이나 다양한 활동 시 상징적 묘사로 자신의 심리를 표현한다.
- 무의식을 상징적으로 표현 가능하다.
  - 상징적인 표현으로 자신이 의식하지 않았던 내면을 표현한다.
- 친근하고 흥미로운 이야기를 선택하여 활동한다.
  - 내담자가 좋아하는 이야기를 선택하여 활동 가능하다.
  - 내담자의 현재 상황과 연관성 있는 주제를 선택하여 활동할 수 있다.
- 동화를 활용해 비언어적 · 언어적 미술 활동 표현을 한다.
  - 등장인물의 표현에 따른 언어적, 비언어적 표현을 그림 표현으로 관찰할 수 있다.
  - 등장인물의 긍정적, 부정적 표현 알아볼 수 있다.
- 다양한 흥미와 재미를 제공한다.
  - 공상과 상상을 더한 전개 및 확장 활동으로 흥미를 제공한다.
- 동화 내용으로 활동하여 불편감이 감소된다.
  - 동화의 주인공을 표현하는 과정에서 자신의 현재 어려움을 투사하여 표현한다.

3. 동화치료의 과정

이완 과정

- 내담자 혹은 집단원은 치료사의 지시에 따라 편안하게 이완한다.
- 고요한 상태가 되면 눈을 감거나 뜨고 동화를 들을 준비를 한다.

동화 구연 및 동화 읽기

- 치료사가 동화를 구연하거나 동화를 읽어 준다.

동화에 대한 느낌 나누기

- 동화를 듣고 난 후 느낌 나누기 활동을 한다(생략 가능).

동화 표현 활동

- 동화를 들은 후 가장 인상적인 장면을 다양한 방법으로 표현하는 활동을 한다.
- 치료사가 동화 내용 중 활동 주제를 선택하여 제시하고, 제시된 주제를 표현하는 활동을 하거나 상황에 따라 주제를 벗어나는 활동을 한다.

감상과 대화 나누기

- 동화 표현 활동을 한 후 작품의 구체적인 내용에 대한 이야기 나누기를 한다.

● 자신이 왜 이 그림을 그렸는지, 현재의 나와 어떤 관련이 있는지 등에 대한 이야기 나누기를 하다 보면 자신의 고민을 자연스럽게 노출할 수 있다.

● 작품의 상징, 심리적 무게, 무의식의 내면을 의식화하고 인식하는 단계로 유도 하게 된다.

● 내담자의 심리 · 정서에 접근하는 질문으로 무의식의 불안/우울 및 트라우마를 의식화하여 문제를 해결한다.

● 작품의 완성도에 따른 성취감과 스스로 잘 해낼 수 있다는 자신감을 가진다.

● 내담자 자신의 문제해결을 위한 방법을 스스로 찾아간다.

4. 동화치료의 활동기법

 ## 재료를 활용한 접근

- 폐품활용: 신문지, 빈 병, 휴지심, 박스, 이면지 등
- 재료: 푸드아트, 점토, 색종이, 석고, 한지, 백업, 펠트지, 클레이점토, 플라스틱 페이퍼, OHP 필름, 플레이콘, 도일리, 종이컵, 자연물(나뭇가지, 나뭇잎, 돌맹이, 솔방울, 모래 등)

기법을 활용한 접근

내용 및 제목 바꾸기

- 동화를 읽고 내용 이야기 나누기 후 동화제목을 다시 만들어 본다.
- 내담자가 작가가 되어 바꾸고 싶은 장면을 골라 내용을 바꾸어 본다.
- 동화이야기가 끝난 부분부터 동화 이어쓰기 활동을 한다.
- 동화 속에 나오는 그림 중 동화표지로 사용할 그림을 선택하여 표지를 재구성한다.

카테고리별 주제, 감정, 상황 선택하여 활동

- 상황을 선택하여 활동한다.
  예) 놀부가 슬근슬근 톱질을 하여 박이 갈라졌을 때 박 속에서 어떤 보물들이 쏟아지면 좋겠어요?
- 구렁이가 흥부네 처마 밑 둥지에 있는 새끼 제비를 잡아먹으려고 입을 쩍 벌리고 달려드는 위험한 상황

예) 나는 새끼제비처럼 위험했던 상황을 경험했던 적은 없었나요? 내가 위험했던 순간 표현해 볼까요?

If 상황을 주제로 활동

- 내가 만약 위험에 처한 주인공이라면…….
- 내가 만약 욕심 많은 주인공이라면…….
- 내가 만약 힘든 생활을 계속해야 하는 주인공이라면…….

동화 내용 이어그리기

- 동화 내용에 나오는 주제를 선택하여 연상되는 그림 한 장을 연결하여 그린다.
- 여러 장으로 표현하여 하나의 주제를 표현한다.
- 한 장에 여러 명이 돌아가며 표현한다.

디지털 기기를 활용한 활동

- 컴퓨터 프로그램을 활용한 상황표현

다양한 매체를 활용한 활동

- 미술, 음악, 푸드아트 등 다양한 매체 활동으로 동화치료에 활용한다.

5. 동화치료의 효과

분석하고 통합하는 창작의 효과

자기가 알고 있는 지식을 바탕으로 주제에 맞게 동화를 재구성하여 어떤 결과를 이루고 통합하는 효과를 기대할 수 있다.

창작과 감상을 통한 문학적 카타르시스

- 카타르시스(catharsis)는 아리스토텔레스(Aristoteles)의 시학에서 기인한 말로 정화 작용을 뜻한다.
- 예술작품을 감상하거나 창작하면서 자신의 마음속 감정을 발산함으로써 감정을 정화할 수 있다.
- 문학적 표현과 문학적 기법을 통해 심상을 언어적으로 표현하는 것에서 카타르시스를 느낄 수 있다.

6. 치료 영역별 효과

심리 · 정서적 효과

🍁 심리 투사를 통한 자기반영과 직면

- 작품감상 과정에서 주인공의 이야기에 몰입하고 공감하는 카타르시스를 느낀다.
- 의식적 · 무의식적으로 자기를 반영하여 동화 작업 자체에서 자기 자신의 이야기에 직면한다.

🌿 정화와 해소

- 자신의 문제를 동화의 일부로 표현하고 현실에서 하지 못하는 대안으로 문제를 해결한다.
- 현실 속의 자기 문제를 해결하는 단초가 될 수 있다.

🍄 자신감 · 자기존중감 향상

- 하나의 작품을 스스로 완성함으로써 자신의 능력에 대한 존중감과 자신에 대한 확신을 가질 수 있게 된다.

🍄 자기표현 · 자기주장 향상

- 자신이 완성한 작품에 대해 생각과 느낌을 표현하는 경험을 통하여 자기표현 기술, 발표력, 주장하는 기술이 향상된다.

🌈 인지 · 발달적 효과

🍁 시지각 발달

● 동화의 내용을 그림이나 조형물로 재구성하는 과정에서 시지각이 발달한다.

● 어떤 원리나 표현을 이해하지 못할 경우 조형, 사진, 신체 표현 등의 다양한 방법으로 이해를 도와 표현할 수 있게 한다.

🌿 신체발달

● 목표의식을 가지고 끊임없이 소근육을 사용하게 되므로 자연스럽게 소근육 발달이 이루어진다.

● 동화 내용을 연극, 신체 활동 등으로 확장함으로써 대근육 발달과 균형 감각 등 신체적 발달에 도움을 줄 수 있다.

🍄 인지발달 및 재활

● 동화 읽기를 통하여 글자, 숫자, 수 개념, 색깔, 도형 방향, 어휘 등을 학습적으로 접근한다.

● 아동 발달을 돕기 위해 창의적이고 새로운 이야기나 기법으로 접근한다.

● 동화 만들기를 하면서 아동에게 필요한 인지 수준의 내용이 되게 하거나 목표 수준을 구조화하여 접근한다.

🍄 뇌 균형적 발달

● 동화를 활용하여 다양한 언어적 표현을 함으로써 좌뇌와 우뇌의 균형적인 발달을 지향한다.

🌳 심리 · 정서적 발달

- 동화를 통한 그림 표현의 훈련으로 불안한 심리에 안정적으로 대처하는 유연성을 익힌다.

🍎 일상생활 반영을 통한 자조행동 형성 및 향상

- 동화를 읽고 만드는 과정에서 일상생활 전반의 행동을 살피고, 문제점을 발견하며 수정한다.
- 동화감상과 동화 활동을 통해서 생활 속 일과나 자조행동이 향상된다.

Using traditional fairy tale

Fairy Tale Therapy

제2장
전래동화를 활용한 동화치료의 실제

7. 개와 고양이

마음 열기

하얀 고무신　　어린 날 운동화를 신고 다니다 추석이 될 무렵 제기차기 하기에 좋은 하얀 고무신을 신고 싶어 어머니께 졸랐다. 발가락 위치쯤 나비가 붙어 있는 하얀 고무신을 신고 뛰어다니고 나니 발뒤축이 아파 잠깐 벗어 두고 놀러 갔다 온 사이 신발이 사라졌다. 위로 누나 둘이 있는 남동생이 한번 신어 보고 다듬이 돌 위에 올려놓은 나비 고무신 한 짝을 내가 놀러 갔다 오는 사이 엿으로 바꿔 먹었다. 며칠 동안 신발을 찾았는지 모른다. 하얀 고무신의 행방을 알게 된 순간 어린 마음에 동생이 혼나도록 부모님께 일러바쳤지만 동생은 4대 독자였던 할아버지의 손자로 태어난 혜택을 톡톡히 보며 자랐다. 누나가 한 번밖에 신어 보지 못한 하얀 고무신을 엿 바꿔 먹고도 추석을 무사히 보낼 수 있었다. 지금이라면 신발로 왜 엿을 바꿔 먹었고 내 신발이 없어지면 너는 곤란해질 것이란 생각을 못했는지 조용조용 동생과 이야기해 봤을 텐데. 그때는 나도 고작 열 살 남짓으로 기억된다.

전래동화 이야기─개와 고양이

　옛날 어느 바닷가에 할아버지와 할머니가 고기잡이를 하며 살고 있었어. 할아버지와 할머니는 개와 고양이를 키우고 있었지. "맛있는 물고기 많이 잡아 오시구려." "알았소. 내가 크다란 물고기로 잡아 오겠소." 물고기를 잡기 위해 바닷가로 나간 할아버지가 어둑한 저녁이 되어 빈손으로 집에 돌아가기 전 마지막 낚시에 잉어를 낚게 되었대. 그런데 잉어가 할아버지를 보더니 슬픈 눈으로 눈물을 흘리며 쳐다보지 뭐야? 할아버지는 잉어가 불쌍하여 바닷물에 놓아주었어.

　이튿날 할아버지가 낚시하러 바다에 나가다 낯선 사람들을 만났어. 그 사람들은 할아버지 앞에 절을 하며 자신을 소개했어.

　"할아버지, 저는 어제 할아버지께서 잡았다가 놓아준 잉어입니다. 그러나 사실 저는 용왕님의 아들입니다. 목숨을 살려 주신 은혜를 갚고자 할아버지를 바닷속 용궁으로 모셔 가려고 왔습니다." 하는 것이 아니겠니. 할아버지는 용왕님의 아들을 따라 용궁에 가게 되었어. 용왕님은 할아버지께 후한 대접을 했고, 여러 날 대접을 받으며 잘 지내던 할아버지는 문득 홀로 두고 온 할머니 생각이 났어. 그래서 할아버지는 용왕님의 아들에게 말했어. 집에 혼자 있는 할머니가 걱정되어 돌아가야겠다고 말하고 용궁을 떠나려고 하자, 용왕님은 할아버지에게 요술구슬을 선물로 주었어.

　집으로 돌아온 할아버지는 할머니께 용궁에 다녀온 이야기를 해 주었지. 그리고 할아버지가 가져온 요술구슬은 말만 하면 그게 무엇이든 척척 내놓는 거야. 할아버지와 할머니는 금방 부자가 되었지 뭐야. 할머니와 할아버지가 살던 초가집도 으리으리한 기와집으로 금방 바뀌고 할아버지와 할머니가 "비단 나와라." "돈 나와라." "금은보화 나와라." 외치기만 하면 할머니와 할아버지의 집에 가득하도록 나왔대.

　그런데 강 건너 욕심 많은 할머니가 살고 있었는데, 할머니와 할아버지의 소식을 듣고 요술구슬 갖고 싶어 찾아왔어. 욕심쟁이 할머니는 요술구슬을 한 번만 보여 달라고 졸랐지. 착한 할머니는 요술구슬을 보여 주었대. 짐작하겠지만 마음씨 나쁘고 욕심 많은 할머니는 미리 가짜 구슬을 준비해 가서 바꾸었어. 욕심쟁이 할머니가 돌아가고 나서 구슬이 바뀐 줄도 모르고 착한 할머니는 장롱 깊숙이 요술구슬을 숨겨 놓았지.

그런데 구슬이 할머니 집에서 없어지고 나니까 할머니가 옛날에 살던 대로 집과 돈 금은보화가 사라진 거야. 할머니와 할아버지는 그때서야 구슬이 바뀐 것을 눈치챈 거지. 할머니와 할아버지가 걱정을 하는 이야기를 듣고 있던 개와 고양이는 할머니와 할아버지를 도와 드리기로 했어.

개와 고양이는 강을 건너 욕심 많은 할머니 집으로 찾아갔지. 욕심쟁이 할머니 집을 샅샅이 찾고 있던 그때 할머니가 나타났어. "여기가 어디라고 함부로 돌아다녀?" 할머니는 빗자루로 때리며 개와 고양이를 내쫓았어. 쫓겨난 개와 고양이는 할머니의 광으로 갔어. 그곳에는 쥐들이 가득했지. 고양이는 쥐들 앞에서 무서운 얼굴과 목소리로 말했어. "요술구슬을 찾아오지 않으면 너희 모두 잡아먹어 버릴 테다. 어서 가서 요술 구슬을 찾아와! 야옹!!" 쥐들은 부들부들 떨더니 욕심 많은 할머니가 숨겨 놓은 요술 구슬을 찾아왔어. 개는 고양이를 등에 태우고 다시 강을 건너기 시작했어. 한참 건너 던 개가 혹시 구슬이 있는지 확인하느라 고양이에게 물었어 "구슬 잘 물고 있지?" 고양 이가 대답을 안 했어. 개는 다시 "왜 대 답이 없어, 구슬을 떨어뜨린 거 아니야?" 순간 고양이는 말 대신 고개를 젓다 가 "음…… 아니." 라고 말했지.

그런데 큰일났어. 고양이가 말하려 고 입을 연 순간 구슬이 강물에 풍 덩 빠졌어. 이 일을 어떻게 하면 좋 을까?

고양이는 걱정하며 바닷가 주위를

맴돌고 있는데, 어느 낚시꾼이 자기가 죽은 잉어를 낚았다며 잉어 한 마리를 내던졌어. 고양이는 배가 고프던 참에 그거라도 먹으려고 잉어의 배를 갈랐는데 이게 웬일이야? 그 속에서 잃어버린 구슬이 나왔지 뭐야? 고양이는 얼마나 기뻤는지 몰라. 고양이는 구슬을 재빨리 집으로 가져가 할머니께 드렸어. 할머니와 할아버지는 정말 좋아했고 다시 부자가 되었대. 그런데 그날 이후 할머니와 할아버지는 개와 고양이 중, 특히 고양이를 사랑하게 되어 개와 고양이의 사이가 좋지 않게 되었대.

질문으로 생각 확장하기

★ 할아버지는 용궁을 산소통도 없이 어떻게 갔을까요?

★ 고양이가 구슬을 일부러 물에 빠뜨리지 않았을까요?

★ 고양이는 할머니, 할아버지가 자신만 특히 사랑해 주는 것이 좋았을까요?

🌈 동화치료 사례

🍁 동화치료 사례 1

● 제목: 내가 위험했던 순간(고양이가 말하려는 순간 구슬이 물속으로 풍덩 빠졌어요)

● 준비물: 화지, 색연필, 크레파스

● 목표 및 기대효과

－ 자신이 위험했던 순간 누가 도와주는지 알아보기

－ 내가 위험했던 순간 알아보기

－ 위험했던 순간 나만의 대처방법 알아보기

● 지시어: 내가 위험했던 순간을 표현해 보세요.

● 활동순서

　– 내가 위험했던 순간에 대해 이야기 나누기

　– 위험한 순간 나를 도와줄 사람이 누구인지 이야기 나누기

　– 그림으로 표현하기

　– 가족을 도와준 사건을 이미지로 표현하기

　– 위험한 순간을 어떻게 해결할 것인지 문제해결 방법에 대해 이야기 나누기

　– 작품에 대해 이야기 나누기

● 활동사례 살펴보기

〈아동〉
내가 시험 60점을 받았을 때 "야!" 하며 나를 혼내는 엄마의 혀가 뱀의 혀가 되어 나를 괴롭히고 있는 위험한 순간을 표현

〈성인〉
군 문제로 위태로운 곳에 서서 어떻게 하면 좋을지 고민하고 있는 자신 표현

〈성인〉
남자친구와 말싸움을 하면서 상처가 될 말을 너무 많이 하여 관계가 위태로운 현재의 상황표현

● 상담사례 질문기법

– 내가 가장 위험했던 순간은 언제인가요?

– 내가 위험한 순간에 대한 해결방법은 무엇인가요?

– 고양이가 구슬을 물에 빠뜨렸을 때 개는 마음속으로 어떤 말을 하고 싶었을까요?

– 개와 고양이가 구슬을 가져올 다른 방법은 있을까요?

– 어리석은 행동과 지혜로운 행동은 어떤 것인가요?

– 나에게 소중한 것을 잃어버렸을 때 기분은 어떤가요?

– 개와 고양이는 왜 구슬을 찾으러 갔을까요?

– 내가 개와 고양이의 도움을 받은 할머니, 할아버지라면 어떤 마음이 들까요?

– 친구를 도와준 사건은 무엇인가요?

● 활동 후 질문 만들기

1

2

3

4

5

동화치료 사례 2

- 제목: 동화 들으며 표현하기
- 준비물: 흑화지, 가위, 풀, A4
- 목표 및 기대효과
  - 동화를 들으며 작업을 하는 동안 동화 내용에 집중하여 주의집중력 향상
  - 단색으로 하는 활동으로 색 사용의 제한점 극복하기
  - 규칙 지키기 활동으로 사회성 발달(집단 활동 시 자신의 그림만 이야기할 수 있음)
- 지시어: 선생님이 읽는 동화 이야기 따라 장면을 그림으로 표현해 보세요.
- 활동순서
  - 동화를 구연하며 그때그때 장면 중 표현하고 싶은 부분 표현하기
  - 동화를 한 줄씩 천천히 구연하기
  - 아동의 그림 속도에 맞추어 동화를 구연하기
  - 장면의 이해를 도우며 구연하기
  - 활동 후에 이야기 나누기

● 활동사례 살펴보기

– 상담사의 구연동화: 옛날 어느 바닷가에 할아버지와 할머니가 고기잡이를 하며 살고 있었
  는데, 개와 고양이를 키우고 있었지.
  ①번 그림의 아동은 개와 고양이를 표현함
  ②번 그림의 아동은 개만 표현함
  ③번 그림의 아동은 고양이만 표헌함

– 이야기가 구현되면서 그림이 하나씩 늘어나게 됩니다.
  ①번 그림이 ④번 그림으로 완성되어 감
  ②번 그림이 ⑤번 그림으로 완성되어 감
  ③번 그림이 ⑥번 그림으로 완성되어 감

– 이 이야기의 전개에 맞추어 그림이 완성되어 가는 과정을 사례로 제시합니다 .

용궁으로 가는 중에 해파리도 보
았을 것으로 표현하였고 구슬을
작게 표현

개와 고양이의 이야기에 나오는
진짜 구슬과 가짜 구슬 두 개를
같이 표현

할아버지가 낚시로 아주 큰 잉어
를 잡는 부분을 크게 표현

● 상담사례 질문기법

  – 할아버지가 잡은 물고기는 어떤 생각이 들었을까요?

  – 내가 할아버지에게 잡힌 잉어라면 나를 어떻게 소개할까요?

  – 이웃마을의 욕심쟁이 할머니가 가져온 구슬은 어떻게 해서 가짜인 것을 알았을까요?

  – 용궁에서 보낸 사람을 따라가다가 할아버지가 만난 바다생물들은 무엇일까요?

  – 바다생물 중 나와 닮은 생물은 무엇일까요?

  – 강에 사는 생물은 어떤 것들이 있을까요?

  – 우리 가족이 바다생물이라면 엄마, 아빠, 동생은 어떤 생물이고 왜 그렇게 생각하나요?

● 활동 후 질문 만들기

1

2

3

4

5

동화 내용 이해하기

- ♥ 강에서 사는 생물과 바다에서 사는 생물은 어떤 것이 있을까요?

- ♥ 개와 고양이는 왜 구슬을 찾아오려고 했을까요?

- ♥ 개와 고양이는 서로 무엇을 돕고 살고 있나요?

- ♥ 개가 구슬이 잘 있는지 물었을 때 고양이는 왜 말을 하지 않았을까요?

- ♥ 개와 고양이의 도움으로 구슬을 찾은 할머니와 할아버지는 어떤 생각이 들었을까요?

2. 의좋은 형제

마음 열기

아버지와
작은아버지

아버지와 작은아버지는 두 분이 각자 결혼하고 나서도 담을 사이에 두고 시골에서 살았다. 내가 초등 고학년쯤 되던 해에 농삿일을 하기 위해 경운기를 들였다. 눈치를 봐서는 경운기가 분명 우리 거 같은데 새 경운기가 우리 집에 들어온 날 아버지는 우리를 불러 놓고 "이 경운기는 작은아버지와 돈을 똑같이 내서 샀다. 그러니까 우리 집과 작은아버지 집 경운기다."라고 말씀하심으로써 우리의 의심을 한 번에 정리하셨다. 어머니께서 몸이 편치 않아 20대에 집안일을 돕기 위해 시골살이를 하던 나는 어느 날 작은아버지께서 적잖은 돈을 아버지께 드리는 것을 보게 되었다. 이유 없이 동생의 도움을 받는 아버지를 이해할 수 없어서 참다 참다 저녁녘에 아버지께 여쭈어 보았다. 당돌한 딸의 말을 들은 아버지는 한참 말을 않으시고 담배만 피우시다 말문을 여셨다. 아버지도 좀 미안하긴 하지만 자존심이 상하지는 않는다며 지난 이야기를 하셨다.

결혼하여 각자의 살림을 꾸려 갈 때 작은아버지가 경제적으로 어려웠던 적이 있어서 아버지가 농사를 다 지어서 탈곡만 하면 되는 논을 작은아버지께 내어 준 적이 있었다는 이야기, 작은아버지가 시골에 살다 도시로 이사 가게 되었을 때 홀가분하게 살라며 시골에 있는 작은아버지의 빚을 아버지가 갚으셨다는 이야기, 내가 수상하게 여겼던 경운기도 아버지가 사셨다는 이야기까지 풀어 놓으셨다. 어린 날 유난히 욕심이 많았던 나 때문에 작은집 아이들 기죽일까 봐 작은아버지와 똑같이 돈을 내어 샀노라고 하셨던 것이다.

아버지 나이 스물한 살에 할아버지가 돌아가시고 시골의 가장으로 산다는 것은 몹시 고달팠을 것으로 짐작된다. 그 시절 혼자된 할머니를 모시고 동생들에게 아버지 없는 자식이란 말을 듣지 않게 하기 위해 안간힘을 다해 살아오신 것 같아 안쓰럽기까지 하다. 아버지의 반듯한 생활로 삼촌 고모들은 홀어머니 자식이란 촌락의 무시를 면했던 것 같다.

장날이면 우리 집에 고기를 먹는 날은 작은아버지 댁에도 고기를 먹었다. 장에 가신 아버지 손에는 언제나 두 묶음의 반찬거리가 들려 있었고 그 심부름 담당은 나였다. 아버지 심부름을 가 보면 작은어머니의 반응이 분명 반찬을 부탁한 것이 아닌 것 같은데 아버지가 그렇다고 하니 어쩔 수 없이 심부름을 다녔다. 그 역시 아버지께서 언제나 우리 집과 작은집을 함께 보살폈던 것이다. 그래서 많은 형제 중 두 분은 지금도 애틋하게 지내신다.

 ## 전래동화 이야기 ― 의좋은 형제

옛날 어느 마을에 의좋은 형제가 살았어. 형제는 동네에서 사이좋기로 소문이 자자했어. 형제가 열심히 농사를 지어 가을이 되어 추수할 때가 되었는데 형은 걱정이 생겼어. 형은 결혼한 지 얼마 되지 않은 동생이 자신보다는 살림살이가 어려운 것에 맘이 쓰였던 거야. 형은 동생을 어떻게 도와줄까 고민하다가 좋은 생각이 났어. 밤이 되어서 낮에 추수를 하고 있었던 논으로 가서, 자신보다 힘든 동생을 생각하며 자신의 논에서 동생의 논으로 얼마만큼의 볏단을 옮겨 놓는 거였어. 그런데 동생도 형을 생각하는 마음이 극진했어. 동생은 형이 돌봐야 할 가족이 많으니까 쌀이 더 필요하다는 생각은 들었는데 형님 몰래 어떻게 도울까 고민을 하게 되었어. 그런데 동생도 형처럼 볏단을 형님 논에 옮기는 것을 생각한 거지. 한밤중에 동생은 논으로 나가서 자신의 볏단을 형의 논에 옮겨 놓았어. 다음 날 형제는 깜짝 놀랐지. 분명히 간밤에 자신의 볏단을 옮겨 놓았는데 볏단이 줄어들지 않았던 거야. 고민하던 형제는 그날 밤 다시 논으로 나가 볏단을 나르기 시작했어. 동생은 형님이 가족을 돌보는 데 쌀이 필요하니까 더 많이 가져다 놓으려고 열심히 볏단을 날랐어. 그런데 형제는 논에서 서로 멀리서 컴컴한 그림자

가 점점 가까워져 오는게 보였어. 가까이 다가가고 나서야 서로 형제인 걸 알게 되었지. 형도 동생도 한 아름 볏단을 안고 있었어. 그때서야 형제는 그동안 볏단이 줄어들지 않은 이유를 알게 되었고 형제는 더 의좋은 형과 아우가 되었대. 멀리서 볏단을 나르는 동생과 형이 서로 마주보고 섰을 때 얼마나 뿌듯했을까? 그 후 형제는 같은 마을에서 오래오래 행복하게 살았대.

질문으로 생각 확장하기

★ 형은 아무도 없을 때 낮에 볏단을 나를 수 없었을까요?

★ 만약 형과 동생에게 꼭 한 가지 서로 의견이 다른 것이 있다면 무엇일까요?

★ 형제의 논에서 똑같은 양의 볏단이 없어졌다면 밤사이 무슨 일이 있었던 것일까요?

🌈 동화치료 사례

🍁 동화치료 사례 1

- 제목 : 형님 먼저 아우 먼저(양보놀이)
- 준비물 : 연필, 지우개, 화지
- 목표 및 기대효과
  - 자신의 심리 알아보기
  - 양보 연습을 통해 실제 익히기
- 지시어: 크기가 다른 연필과 지우개를 가위, 바위, 보로 이긴 사람이 준비물을 나누어 주세요.
- 활동순서
  - 가위, 바위, 보로 활동 규칙 정하기
  - 서로 크기가 다른 것이 주어졌을 때 상대방의 마음은 어떤지 이야기 나누기
  - 연필 선택하기, 지우개 선택하기, 화지 선택하기 놀이
  - 서로 선택해 주기 활동
  - 서로에게 큰 것 양보하기 활동
  - 갈등 시 문제해결 방법에 대해 이야기 나누기
  - 활동 후에 이야기 나누기

● 활동사례 살펴보기

A(형): 작은 것을 동생에게 먼저 줌
B(동생1): 큰 것을 형에게 줌
C(동생2): 작은 것을 형에게 줌

A(형): 작은 것을 동생에게 먼저 줌
　　　(크기를 모른척함)
B(동생1): 큰 것을 형에게 줌
C(동생2): 작은 것을 형에게 줌

화지는 3장 모두 같은 것이라 갈등
이 없었음

● 상담사례 질문기법

– 형이나 동생에게 지우개를 먼저 나누어 주었
　을 때 느낌이 어떤가요?

– 형이나 동생에게 큰 것을 먼저 나누어 주었을
　때 느낌이 어떤가요?

– 내가 작은 것을 받았을 때 느낌이 어떤가요?

– 내가 큰 것을 받았을 때 느낌이 어떤가요?

– 내가 양보했을 때 어떤 감사한 표현을 했나요?

– 작은 것을 받는다는 것을 알고 있는데도 작은
　것을 받았을 때 기분이 어떤가요?

– 내가 가족에게 양보했던 것 중 기억에 남는
　것은?

– 내가 가족에게 양보받았던 것 중 기억에 남
　는 것은?

– 내가 친구에게 양보했던 적은 언제인가요?

– 내가 친구에게 양보받았던 것은 무엇인가요?

● 활동 후 질문 만들기

1

2

3

4

5

동화치료 사례 2

- 제목: 도움이 필요해요
- 준비물: 화지, 색연필, 크레파스
- 목표 및 기대효과
  - 가족 상호작용 알기
  - 긍정 표현 익히기
- 지시어: 도움을 준 일이나 도움 받은 일을 표현해 보세요.
- 활동순서
  - 가족을 도와주는 것에 대해 이야기 나누기
  - 도움을 받았을 때의 언어 표현방법에 대해 이야기 나누기
  - 자신의 경험을 그림으로 표현하기

– 가족을 도와준 기억나는 사건을 이미지로 표현하기

– 가족의 도움이 필요할 때 해결방법에 대해 이야기 나누기

– 작품에 대해 이야기 나누기

● 활동사례 살펴보기

엄마가 빨래해서 빨래걸이에 널 때 아빠와 도와 드렸어요.

엄마가 저녁을 차리는데 수저 놓는 것을 도와 드렸어요.

아이스링크에서 동생이 넘어졌는데 손을 잡고 일으켜 주었어요.

● 상담사례 질문기법

– 내가 도움을 받았던 적은 언제인가요?

– 나는 누구에게 도움을 주었나요?

- 나는 도움을 주는 것과 받는 것 중 어떤 것이 좋은가요?

- 내가 누군가를 도왔을 때 상대방은 어떻게 말했나요?

- 지금 내 주변에 나의 도움이 필요한 사람은 누군가요?

- 어떤 것을 도왔을 때 가장 즐거웠나요?

- 가족 중 나에게 칭찬을 많이 하는 사람은 누구인가요?

- 가족 중 나에게 비난을 많이 하는 사람은 누구인가요?

- 칭찬받았을 때 내 마음은 어떤가요?

- 비난받았을 때 내 마음은 어떤가요?

- 우리 가족 중 칭찬을 많이 하는 사람은 누구인가요?

- 우리 가족 중 비난을 많이 하는 사람은 누구인가요?

● 활동 후 질문 만들기

1

2

3

4

5

동화 내용 이해하기

- ♥ 형제는 어디에서 어떻게 살고 있나요?

- ♥ 볏단을 쌓아 놓은 이유는 무엇인가요?

- ♥ 형제의 사이가 좋은 것을 무엇으로 알 수 있나요?

- ♥ 동생은 왜 형의 논에 볏단을 가져다 놓았을까요?

- ♥ 형은 왜 동생의 논에 볏단을 가져다 놓았을까요?

3. 소가 된 게으름뱅이

마음 열기

감꽃 　　통통통 또르르…… 새벽을 깨우는 감꽃 떨어지는 소리. 종 모양의 감꽃은 꽃잎 부분은 네다섯 갈래로 예쁘게 또르르 말려 들어가 있었고, 종 모양의 둥근 부분에서 맑고 투명한 공명이 울렸다. 어린 시절 작은아버지 댁과 담을 사이에 두고 살았던 우리는 감꽃이 떨어지는 계절이면 떨어지지 않는 눈을 부비며 작은아버지 댁과 우리 집만 다닐 수 있는 가운뎃길에 있는 감나무 앞에 쪼그리고 앉았다.

　나무는 애매하게 길 중간쯤 자리하여 어린 우리 눈에는 누구의 감나무인지 도저히 판단하지 못할 지점에 있었다. 누구도 나무 주인을 알려 주지 않았다. 그래서 작은아버지 댁 아이들과 우리 형제자매는 일찍 일어나서 먼저 그 자리를 차지하는 사람이 그날 감꽃을 주워 담았던 기억이 난다. 그때는 먹지도 않는 감꽃에 왜 그리 집착했는지. 명주실에 길게 꿰어 목걸이도 만들고, 팔찌를 만들기도 하고……. 해가 막 떠오르면 감꽃은 시들어 갈색으로 변하고 그때서야 우리 손에서 감꽃이 버려졌다.

　통통통 또르르르…….

　그 시절 감나무에서 떨어지던 감꽃 소리가 우리들을 깨우는 알람이었다.

전래동화 이야기－소가 된 게으름뱅이

　옛날에 게으름뱅이 소년이 부모님과 살고 있었어. 아침이 되어도 일어나지 않고 점심 때가 지나서야 일어나기도 하고 게으름 피우기 대장이었던가 봐. 소년의 어머니는 소년이 너무 게을러서 하루는 잠만 자는 소년에게 화를 냈어. "에잇~! 게으름뱅이같이 하루 종일 잠만 자지 말고 뒷산 가서 밭이라도 매." 소년은 어머니의 잔소리를 듣는 둥 마는 둥 하고 '아~! 하루종일 어머니의 잔소리를 듣지 않고 잠만 잘 수 있다면 얼마나 좋을까?'라고 생각했지. 소년은 뒷산으로 가던 중 나무그늘 아래서 잠을 자고 있는 소를 보게 되었어. '나도 저렇게 그늘에서 잠만 자는 소가 되었으면 좋겠다.'라고 생각하고 있는데 길을 가던 할아버지가 소년을 불렀어. "얘야, 너도 저 소처럼 되고 싶니?" "네. 할아버지." "저도 소가 되어 어머니의 잔소리를 듣지 않아도 되고 하루 종일 잠만 잘 수 있으면 좋겠어요."라고 했어. "그래 그럼 이 탈을 쓰거라. 그러면 소가 될 테니." 소년은 그 탈이 쓰고 싶어졌어. 소년은 소의 탈을 쓰고 나면 벗을 수 있는지 물어보지도 않고 덥석 받아서 소의 탈을 쓰고 말았어. 소년은 이상하여 탈을 벗어 보려고 했지만 벗겨지지 않았지. 그리고 할아버지가 옆에 있던 소가죽을 소년의 등에 얹자 소년은 완전히 소로 변했어. 큰일 났어. 어쩌면 좋아. 할아버지는 시장에서 그 소를 한 농부에 헐값에 팔아 버렸어. 농부의 집에 팔려간 소가 된 게으름뱅이 소년은 채찍질을 당하지

않기 위해 부지런히 일할 수밖에 없었어. 소가 되어 일을 하는 동안 게으름뱅이는 집에서 게으름만 피우며 지낸 것을 뉘우쳤지만 이미 늦었겠지? 그러던 어느 날, 소년은 자신을 소로 만들어 버린 할아버지가 농부에게 소가 무를 먹으면 죽는다고 한 말이 떠올랐어. 이렇게 살 바에야 죽는 게 낫겠다는 생각에 게으름뱅이 소년은 무밭으로 뛰어들어가 무를 씹어 먹었지. 그러자 소머리 탈과 소가죽이 벗겨져 다시 사람이 되었어. 그후 집으로 돌아온 소년은 부모님께 그동안 게으름을 피웠던 것에 대해 용서를 빌고 부모님과 함께 열심히 농사일을 하며 행복하게 살았대.

질문으로 생각 확장하기

★게으름뱅이 소년이 소가 되어 있을 때 사람이 되면 해 보고 싶은 것은 무엇이었을까요?

★소가 된 소년은 부모님께 어떤 말을 하고 싶었을까요?

★사람으로 다시 돌아온 소년은 부모님과 앞으로 어떻게 살겠다고 계획했을까요?

🌈 동화치료 사례

🍁 동화치료 사례 1

- 제목: 소가면 만들기(소에게 해 주고 싶은 말 표현하기)
- 준비물: 크레파스, 가위, 고무줄
- 목표 및 기대효과
  - 자신의 표현언어 자각하기
  - 상대방이 알아듣게 친절하게 대화하기

● 지시어: 소 가면을 벽에 붙이고 게으른 소에게 해 주고 싶은 말을 표현해 보세요.

● 활동순서

  – 내가 하는 말에 대해 이야기 나누기

  – 표정언어와 표현언어로 이야기 나누기

  – 소 가면 만들기

  – 가면을 쓰고 소가 되어 말해 보기

  – 벽에 소 가면을 붙이고 마주서서 표현하기

  – 소의 말로 대화해 보기

  – 내가 하는 말을 상대방이 알아듣지 못하는 상황에 대해 이야기 나누기

  – 활동 후에 이야기 나누기

● 활동사례 살펴보기(소에게 해 주고 싶은 말 표현 활동)

소야, 너 힘들지?
처음부터 엄마 말을 잘 들었다
면 힘들지 않지. 사람으로 어
서 돌아와.

소야, 많이 슬펐지?
엄마, 아빠가 보고 싶지? 이제
사람이 되면 부지런한 사람으
로 열심히 살아.

소야, 내가 도와줄까?
무를 얼른 먹어. 사람이 될 수
있어. 무 먹어도 안 죽어. 어서
먹어.

● 상담사례 질문기법

  – 내가 하는 말을 잘 알아듣지 못할 때는 어떤가요?

  – 가족 중 누가 말할 때 이해하기 어려운가요 ?

– 친구가 하는 말 중 어려운 것은 무엇인가요?

– 나는 가족이 하는 말을 잘 알아듣고 있나요?

– 가끔 가족이 하는 말이 나쁘게 들릴 때가 있나요?

– 친구가 하는 말 중 가장 기분 좋은 말은 무엇인가요?

– 가족이 하는 말 중 가장 기분 좋은 말은 무엇인가요?

– 친구가 부탁하는 것 중에 하기 싫은 것은 무엇인가요?

– 나는 다른 사람에게 말할 때 바르게 말하고 있나요?

– 내가 싫어하는 말은 어떤 것이 있나요?

– 내가 가장 좋아하는 말은 무엇인가요?

● 활동 후 질문 만들기

🌱 동화치료 사례 2

- 제목: 소가 된 후 먹고 싶었던 것 표현하기
- 준비물: 크레파스, 가위, 색연필
- 목표 및 기대효과
  - 자신이 좋아하는 것 말로 표현하기
  - 표현 활동으로 자신감 향상
- 지시어: 게으름뱅이 소년이 소가 된 후 먹고 싶었던 것을 표현해 보세요.
- 활동순서
  - 동화 읽기
  - 동화 내용에 대해 이야기 나누기
  - 소년이 소가 된 후 무엇이 먹고 싶은지 음식 이야기 나누기
  - 자신이 좋아하는 음식 알아보기
  - 소가 된 소년이 자신이라면 무엇이 먹고 싶을지 표현하기
  - 활동 후에 이야기 나누기

● 활동사례 살펴보기

쇠고기 스테이크가 생각나고
먹고 싶을 거라고 표현

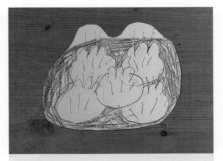

찐만두가 먹고 싶을 거라고 표현

해물이 들어 있는 짬뽕이
먹고 싶을 거라고 표현

● 상담사례 질문기법

- 내가 좋아하는 음식은 무엇인가요?

- 우리 가족이 좋아하는 음식은 무엇인가요?

- 소가 된 소년은 무엇을 가장 먹고 싶어 했을까요?

- 소년이 소가 되어 가장 불편한 것은 무엇이었을까요?

- 내가 좋아하는 음식을 양보한 적이 있나요?

- 내가 좋아하는 음식을 친구 중 누구와 함께 먹고 싶은가요?

- 내가 혼자 만들 수 있는 음식은 무엇인가요?

- 어머니와 함께 만들어 본 음식 중 생각나는 것은 무엇인가요?

- 내가 소년처럼 게으른 생활을 하면 어른이 되었을 때 어떻게 될까요?

- 내가 부지런한 생활을 하면 어른이 되어 무엇을 하고 있을까요?

● 활동 후 질문 만들기

1

2

3

4

5

동화 내용 이해하기

♥ 게으른 소년은 집에서 어떻게 생활했나요?

♥ 소년의 부모는 처음부터 소년에게 어떻게 하면 좋았을까요?

♥ 소년은 어쩌다 소가 되었을까요?

♥ 소가 된 소년이 다시 사람으로 돌아올 수 있었던 이유는 무엇인가요?

♥ 사람으로 돌아온 소년은 어떻게 살아갈까요?

4. 금도끼 은도끼

🔑 마음 열기

선생님
보고 싶습니다

"어머니 잘 계시죠? 파랑이(가명)는요? 요즘 잘 지내나요? 특별한 변화는 있나요?" 상담을 종료한 지 10개월이 넘었지만 가끔 파랑이의 안부가 궁금하여 전화하면 인사를 건너 뛰고 파랑이의 행동 유지에 대한 질문부터 하게 된다.

파랑이는 병원에서 ADHD 진단을 받고 2년 정도 약물치료를 진행하고 있는 상태에서 상담에 들어오게 된 케이스다. 약물 도움을 받고 있는데도 학교에서 또래관계가 어려웠고 친구들이 자신을 따돌리고 일부러 괴롭힌다고 생각하였다. 숨바꼭질을 하면 친구들이 자기만 잡는다고 싸움이 되어 놀이를 망치게 되는 경우가 허다했고, 자신이 즐겁다는 표현을 과한 동작으로 하고 있는 것을 친구들이 부담스러워하는 것을 생각하지 못했다.

자신이 재미있는 수업은 수업 종료가 어렵고 집단 활동 시 친구의 활동을 방해하고 잘 삐치고 문제가 생기면 우는 것으로 해결하였으며 놀이 활동 시 과장된 표현으로 친구들이 불편해하였다. 지역사회 서비스에서 제공하는 프로그램에 참여한 파랑이는 동화를 활용한 치료 활동과 놀이치료, 음악치료 등 다양한 치료 프로그램을 활용하여 부정적 행동을 소거해 나가고 긍정 표현을 훈습해 나갔다. 부모의 아동 양육에 필요한 양육태도 중 아동과의 상호작용 기술을 특별히 구체적으로 코칭하였다. 부모-아동 상호작용 평가 과정에서 부모와 아동의 상호작용 문제가 관찰되었고 다양한 방향으로 아동의 행동수정을 위한 부모-아동 상호작용 코칭을 실시하였다.

파랑이의 변화가 다양한 영역에서 점차 완화되거나 소거되기 시작하자 약물 종료를 준비하였다. 아동의 생활 전반을 구체적으로 코칭하고 난 후 약물 사용을 종료하였고, 활동 중 일어나는 문제행동을 다음 회기에 즉시 치료 목표로 설정하여 문제행동을 소거해 나갔다.

파랑이가 다섯 살 때 아빠가 돌아가셨다. 회기 중 점토로 아빠를 표현하는 활동을 했던 시간이 있었는데, 고래로 표현한 아빠물고기를 안고 집에 가져가겠다며, 꿈속에서 유령으로라도 좋으니 아빠를 딱 한 번만 만나고 싶다는 말을 들은 날 상담사로서 중용을 지키느라 얼마나 어려웠는지. 지금까지도 가장 가슴 아픈 치료회기였던 것으로 기억한다. 지금 파랑이는 약물을 종료하였고 여학생 친구도 많이 생겼다고 자랑한다. 중학생이 된 파랑이는 가끔 전화 통화로 "잘하고 있지?"라는 질문에 "음…… 보통입니다."라며 쑥스러워한다.

"너 멋지다. 청소년기에 보통으로 하고 있으면 아주 잘하고 있는 거야."라고 칭찬을 시작하면 "선생님 보고 싶습니다."로 중학생으로 훌쩍 자란 파랑이는 칭찬을 늘어놓는 나를 한 번에 막는다.

*이 글은 2017년 11월 부산지역사회서비스지원단 제공인력 수기공모전에서 최우수상을 수상한 대표저자의 글이다.

 전래동화 이야기 – 금도끼 은도끼

옛날 어느 마을에 착한 나무꾼이 나이가 많으신 어머니와 함께 살고 있었어. 가난한 집안 살림을 꾸려 나가는 나무꾼은 산에서 나무를 하여 장에 내다 팔아 어머니께 맛있는 고기와 반찬을 사다 드렸어. 그러던 어느 날 착한 나무꾼은 그날도 아침 일찍 일어나 어머니께 맛있는 고기반찬에 밥을 해 드리고 산에 나무를 하러 갔지. 부지런한 나무꾼을 본 게으른 청년들은 그깟 나무 팔아도 부자가 되긴 틀렸는데 뭐하러 이렇게 일찍 나무하러 가냐며 편잔을 주었대. 나무꾼은 들은 척도 않고 오늘은 연못 근처에 자리를 잡고 나무를 하려고 했어. 나무꾼은 언제나처럼 즐겁게 노래를 하며 나무를 하고 있었

어. 어머니가 기다리시니까 이것만 마지막으로 마무리하고 빨리 가야겠다고 생각하며 베고 있던 나무를 "쿵!" 하고 내려찍은 그때, 그만 손에서 미끄러진 도끼가 연못에 풍덩 빠져 버렸지 뭐야. 도끼를 잃어버린 나무꾼은 그 자리에 주저앉아 엉엉 울었대. 그때 연못 속에서 산신령님이 나타나셨어. 산신령님은 왜 울고 있느냐고 착한 나무꾼에게 물었어. 나무꾼은 나무를 해서 장에 팔아 어머니 드실 맛있는 밥과 반찬을 사야 하는데 도끼를 연못에 빠뜨려 나무를 할 수 없게 된 일을 사실대로 설명했지. 산신령님은 잠시 연못 속으로 들어가셨어. 한참 있다 산신령님이 손에 번쩍번쩍 빛나는 금도끼를 들고 나타나셨지. "이 도끼가 네 도끼냐?" 착한 나무꾼은 "아니요, 제 도끼가 아니옵니다."라고 했어. 신령님은 다시 연못 속으로 들어가서 이번에는 은도끼를 들고 나와서

착한 나무꾼에게 물었어. "이 도끼가 네 도끼냐?" 이번에도 착한 나무꾼은 "아니요, 제 도끼는 쇠도끼이옵니다."라고 했지. 산신령님은 다시 연못에 들어가 금도끼, 은도끼, 쇠도끼를 들고 나와 "너의 정직하고 착한 마음씨를 보고 이 도끼들을 모두 주겠노라." 라며 착한 나무꾼에게 세 개의 도끼를 모두 주었대. 착한 나무꾼은 금도끼, 은도끼, 쇠도끼로 아주 큰 부자가 되었어.

그런데 빈둥거리고 게으른 동네 나무꾼이 착한 나무꾼 이야기를 듣고 자기도 얼른 쇠도끼를 들고 산에 나무를 하러 갔어. 연못 근처에 자리잡고 나무를 베는 척하다 쇠도끼를 연못에 던졌어. 산신령님이 나타났겠지. 산신령님은 게으르고 욕심 많은 나무꾼에게 무슨 일로 우느냐고 물었어. 욕심 많은 나무꾼은 아주 귀한 도끼를 연못에 빠뜨렸다고 얼버무리며 말했어. 신령님이 금도끼를 들고 나와서 "이 도끼가 네 도끼냐?" 하고 물었대. 욕심 많은 나무꾼이 덥석 "예, 제 도끼입니다."하고 말했어. 산신령님은 정말이냐고 물었고 거짓일 때는 벌을 내리겠다고 말했어. 나무꾼은 겁이 나서 사실은 은도끼가 자기 도끼라고 말했어. 그러자 산신령님은 어디서 거짓말을 하느냐며 호통을 쳤고 욕심 많은 나무꾼은 깜짝 놀라 걸음아 날 살려라 도망쳤대.

질문으로 생각 확장하기

★착한 나무꾼은 연못 속에서 신령님이 나온다는 것을 몰랐을까요?

★금도끼, 은도끼, 쇠도끼를 팔아서 부자가 될 수 있을까요?

★욕심 많은 나무꾼은 금도끼를 얻으려 신령님께 한 번만 도전했을까요?

🌈 동화치료 사례

🍁 동화치료 사례 1

- 제목: 금도끼 은도끼 점토인형극(상황에 맞는 자기표현 활동)
- 준비물: 점토, 이쑤시개, 타공판(등장인물 점토인형 만들기), 점토인형극 활동을 위한 극본
- 목표 및 기대효과
  - 정직하게 말하고 표현하며, 거짓말은 나쁘다는 교훈 알기
  - 위기 대처 능력을 익히고 연극 활동으로 언어 표현력 확장하기
- 지시어: 금도끼 은도끼에 나오는 점토인형을 만들어 인형극놀이를 해 보세요.
- 활동순서
  - 이야기 읽기
  - 줄거리에 대해 이야기 나누기
  - 등장인물 탐색하기
  - 극본 만들기
  - 등장인물 만들기(이쑤시개와 점토로 등장인물 만들기)
  - 배역 나누기
  - 점토인형극 활동하기
  - 1인 다역일 경우 스토리 순서대로 등장인물을 준비해 두고 활동하기
  - 활동 후에 이야기 나누기

☆ 줄거리 ☆

착한 나무꾼은 연못 근처에서 열심히 나무를 하다 도끼를 연못에 빠뜨린다. 연못 속에서 나타난 산신령님은 착한 나무꾼의 정직한 마음에 감동하여 착한 나무꾼에게 금도끼, 은도끼를 모두 준다. 이 마을에 살고 있던 욕심쟁이 나무꾼은 금도끼와 은도끼 모두 가지고 싶어서 산신령에게 거짓말을 해 자기가 가지고 있던 도끼마저 빼앗기게 되는데……

○ 등장인물: 착한 나무꾼, 욕심쟁이 나무꾼, 산신령
○ 소품: 금도끼, 은도끼, 쇠도끼, 나무
○ 배경: 커다란 나무가 있는 연못가

착한 나무꾼이 연못 근처에서 도끼로 나무를 찍다가 도끼를 연못에 풍덩 빠뜨리고는 울고 있다.
착한 나무꾼: 도끼를 연못에 빠뜨리고 당황해하며 말한다.
(즉흥적으로 자유롭게 표현하기)

산신령이 나타나 착한 나무꾼에게 울고 있는 이유를 물었는데 나무꾼의 이야기를 듣고 연못으로 들어가 금도끼, 은도끼, 쇠도끼를 들고 나온다.
산신령님: 착한 나무꾼에게 줄 세 개의 도끼를 들고 나오며 말한다.
(즉흥적으로 자유롭게 표현하기)

신령님은 금도끼, 은도끼, 쇠도끼를 들고 나와 정직한 나무꾼에게 모두 주게 된다.

착한 나무꾼: 금도끼, 은도끼, 쇠도끼를 받고 말한다.

(즉흥적으로 자유롭게 표현하기)

같은 마을에 살고 있던 착한 나무꾼의 친구인 게으르고 욕심 많은 나무꾼이 이 소문을 듣고 금도끼와 은도끼를 얻기 위해 연못가에서 일부러 도끼를 연못에 던진다.

욕심쟁이 나무꾼: 산신령님이 주실 금도끼, 은도끼를 기대하며 말한다.

(즉흥적으로 자유롭게 표현하기)

산신령님은 욕심쟁이 나무꾼의 말을 듣고 다시 연못으로 들어간다. 욕심쟁이 나무꾼은 금도끼, 은도끼, 쇠도끼 모두 자신의 것이라 거짓말을 하게 된다.

산신령님: 욕심쟁이 나무꾼의 말을 듣고 말한다.

(즉흥적으로 자유롭게 표현하기)

거짓말을 한 욕심 많은 나무꾼은 세 도끼를 모두 가질 수 있을 거라 생각하고 있었는데 산신령님은 쇠도끼마저 빼앗아 버린다. 산신령님께 쇠도끼마저 빼앗긴 욕심 많은 나무꾼은 연못 근처에서 울고 있다.

욕심쟁이 나무꾼: 쇠도끼마저 빼앗기고는 울면서 말한다.

(즉흥적으로 자유롭게 표현하기)

● 활동사례 살펴보기

점토로 등장인물 만들기
착한 나무꾼

점토로 등장인물 만들기
욕심쟁이 나무꾼

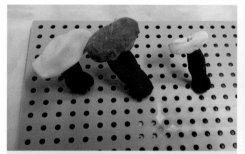

점토로 도구 만들기
금도끼, 은도끼, 쇠도끼

상황 1 | 착한 나무꾼이 도끼를 빠뜨리고 울고 있
는데 신령님이 나타나 세 개의 도끼를 모두 착한
나무꾼에게 준다.

상황 2 | 욕심쟁이 나무꾼이 도끼를 빠뜨리고 울
고 있다가 신령님을 만나 거짓말을 하게 되고 쇠
도끼마저 잃어버리게 된다.

상황 3 | 등장인물 바꾸기 활동으로 동화 내용에
등장하지 않는 인물을 등장시켜 활동한다.

● 상담사례 질문기법

  – 내가 어릴 때 했던 거짓말은 무엇인가요?

  – 정직하게 말했을 때 좋은 점은 무엇인가요?

  – 착한 나무꾼이 거짓말을 했다면 어떻게 되었을까요?

  – 산신령님은 착한 나무꾼을 보고 어떤 생각이 들었을까요?

  – 착한 나무꾼은 다음에 또 도끼를 연못에 빠뜨릴 수 있을까요?

  – 욕심쟁이 나무꾼은 산신령님이 왜 벌을 주지 않았나요?

  – 욕심을 부리면 좋은 점은 무엇일까요?

  – 욕심을 부리면 나쁜 점은 무엇인가요?

● 활동 후 질문 만들기

1	
2	
3	
4	
5	

🌸 동화치료 사례 2

- **제목:** 동화 듣고 기억에 남는 장면 입체로 꾸미기
- **준비물:** 흑화지(A4), 가위, 스카치테이프
- **목표 및 기대효과**
  - 작품 완성을 통한 자신감 향상
  - 문제 발견하기, 문제해결 경험하기
- **지시어:** 동화를 듣고 기억에 남는 장면을 입체로 꾸며 보세요.
- **활동순서**
  - 동화 읽기
  - 동화 내용을 이해하고 느낌을 입체로 표현하기
  - 문제해결 방법에 대해 이야기 나누기

- **활동사례 살펴보기**

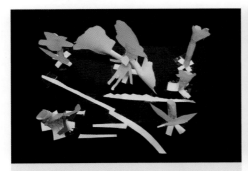

사람이 잘 서 있지 않는다고 고민을 하였고 나무 표현은 자신 있게 했으며 금도끼, 은도끼, 쇠도끼를 색이 있는 것으로 하고 싶다고 하여 색지로 표현	연못 주변을 표현하였고 물결을 표현하기가 어려워 물 전체를 표현하였으며 사람을 세우려고 하니 잘 서 있지 않아서 기둥을 세워 기대어 서 있도록 고정하여 표현

게으른 나무꾼이 신령님을 만나고 있는 장면 표현

게으른 나무꾼이 신령님께 거짓말을 하고 있는 장면 표현

신령님이 나뭇가지 사이에 CCTV를 설치해 둔 것을 나무꾼은 모르고 있는 장면 표현

CCTV를 설치해 둔 것을 나무꾼에게 말하고 나무꾼을 혼내고 있는 장면

● 상담사례 질문기법

  – 금도끼와 은도끼, 쇠도끼를 다 받은 나무꾼은 어떤 생각이 들까요?

  – 금도끼와 은도끼, 쇠도끼를 받지 못한 나무꾼은 어떤 생각이 들까요?

  – 내가 기억하는 거짓말은 무엇인가요?

  – 누구에게 말하지 못한 비밀이 있나요?

  – 나에게 산신령님이 필요한 것을 준다면 무엇을 받고 싶은가요?

  – 신령님은 왜 CCTV를 설치해 두었을까요?

  – 신령님이 설치해 둔 CCTV를 본 게으른 나무꾼은 어떻게 변명을 할까요?

– 내가 신령님이라면 게으른 나무꾼에게 어떻게 했을까요?

– 착한 나무꾼은 CCTV가 있다는 것을 알고 있지 않았을까요?

● 활동 후 질문 만들기

1

2

3

4

5

동화 내용 이해하기

💟 착한 나무꾼은 산신령님께 왜 거짓말을 하지 않았을까요?

💟 금도끼와 은도끼, 쇠도끼를 받지 못한 나무꾼은 어떤 생각이 들까요?

💟 욕심 많은 나무꾼은 쇠도끼까지 잃어버리고 나서 어떤 생각을 했을까요?

💟 나에게 산신령님이 필요한 것을 준다면 무엇을 받고 싶은가요?

💟 게으른 나무꾼은 그 후 어떻게 살았을까요?

5. 청개구리 이야기

마음 열기

사랑의 촌지

지나가던 차가 멈추어 서더니 운전자가 고개를 내밀었다. 아들의 3학년 때 선생님이었다. "어머니, 고맙습니다." 영문 모를 인사에 순간 당황했다. 이어 "홈페이지에 올리신 글을 이제야 봤어요."라고 하셨다. 그제야 알 것 같았다.

주위 엄마들이 학교 행사 때마다 인사를 하는 것을 보면서도 나는 한 번도 선생님께 촌지를 드린 적이 없다. 그런데 지난해 아들이 초등 3학년을 마칠 무렵 봉투를 들고 선생님을 찾아갔다가 고민 끝에 전하지는 못하고 그냥 돌아온 기억이 있었다. 그리고 그날 학교 홈페이지에 선생님 이야기를 올렸는데 교장선생님까지 그 글을 보시고 격려의 말씀을 해 주셨고 담임 선생님께서는 그제야 뒤늦게 보신 것이다. 글의 내용은 이랬다.

"엄마, 선생님께서 학교에 오시래요." 병진이의 말에 무슨 큰 잘못을 했나 싶어 얼마나 가슴을 졸였는지 모릅니다. 아니나 다를까 아이가 산만하고 공부가 뒤떨어진다고, 지금 놓치면 힘들 테니 방학 동안 신경을 쓰라며 아이에게 맞는 여러 가지 공부 방법을 알려 주셨지요. 선생님 방법을 따랐더니 아이는 다행히 공부에 흥미를 느끼고 재미있어 합니다. 자식 맡긴 부모 마음이야 무엇을 드린들 아까울 게 있겠습니까만, 선생님 인품에 누가 될까 봐 인사 한 번 드리지 못한 게 죄송하기만 합니다. 학기 초 학부모 모임에서 말씀하셨던 '엄마만큼 좋은 선생님은 없다'는 선생님 말씀 늘 기억하겠습니다. 한 학년을 마치며 아들이 공부를 잘해 주면 더없이 좋겠지만 선생님께서 살펴 주신 마음을 감사히 여기는 따뜻한 사람으로 자랐으면 하는 바람을 가져 봅니다.

선생님과 대화하는 동안 옆에 있던 같은 반 어머니는 내가 선생님께 큰 선물을 해서 인사 받는 걸로 생각했나 보다.

지금 아들은 세월을 훌쩍 건너 마음이 따뜻한 사람으로 자랐다.

＊이 글은 『좋은 생각』 2003년 8월호에 채택되어 실린 대표저자 박차숙의 글이다.

전래동화 이야기 – 청개구리 이야기

　　옛날 옛날 어느 마을에 청개구리와 청개구리 어머니가 살았어. 청개구리는 어머니의 말을 늘 반대로 듣고 행동했어. 한마디로 말을 아주 안 듣는 개구리였지. "애야, 거기 더워. 여기 그늘에 와서 놀아."라고 청개구리 엄마가 말하면 더운 땡볕에서 놀고, 장마가 와서 개울물이 불어 위험하니 물가에 가지 말라고 하면 엄마 말과 반대로 개울가 근처에서 놀았어. 청개구리 엄마가 심부름을 시키면 엄마가 시킨 것과 반대로 심부름을 하기도 했대. 어느 날 어머니가 병이 나서 돌아가시게 생겼어. 청개구리 어머니는 늘 반대로만 하는 아들의 행동이 걱정되어 자신이 죽고 나면 개울가에 묻어 달라고 부탁했어. 청개구리 어머니는 청개구리가 반대로 행동하니까 개울가에 묻어 달라고 하면 산에 묻어 줄 것이라 생각한 거야. 그런데 청개구리는 죽고 나니까 너무 슬퍼서 마지막으로 어머니의 말을 잘 듣기로 결심하고 부탁대로 개울가에 어머니를 묻었어. 어머니를 개울가에 묻고 난 다음 날 비가 엄청 많이 왔어. 청개구리는 개울가에 있는 어머니 무덤이 걱정되었지. 그래서 청개구리는 비만 오면 개울가에 나가 개굴개굴 울고 있대.

질문으로 생각 확장하기

★청개구리는 왜 자꾸 반대로만 하고 싶었을까요?

★반대로 하는 청개구리는 친구가 있었을까요?

★청개구리가 한 심부름 중에 가장 크게 반대로 한 것은 무엇이었을까요?

동화치료 사례

🍁 동화치료 사례 1

- 제목: 부탁과 거절 경험하기(동화를 읽고 등장인물 만들기)

- 준비물: 점토

- 목표 및 기대효과

    - 거절에 대한 유연한 태도 경험하기

    - 자신이 거절당했을 때, 거절했을 때의 심리적 움직임 체험하기

- 지시어: 규칙을 지켜 부탁과 거절 활동을 해 보세요.

- 활동순서

    - 동화 읽기

    - 동화에 나오는 등장인물 만들기 부탁하기

    - 거절과 부탁 규칙 만들기

    - 자신이 좋아하는 것 만들어 달라고 요청하기

    - 친구가 만들어 준 것 거절하기

    - 친구에게 좋아하는 것 만들어 달라고 재요청하기

- 3번 반복하여 활동하기

- 활동에 대해 이야기 나누기

● 활동사례 살펴보기(부탁과 거절)

A(부탁): 내가 좋아하는 청개구리 한 마리 만들
어 줘.
B(거절): 음, 나는 개구리 잘 못만들어. 곰돌이 만
들어 줄게. → 점토 곰돌이 만듦

A(부탁): 아니 작고 귀여운 청개구리로 부탁해.
B(거절): 난 개구리는 잘 못 만든다고……. 곰돌
이를 좀 더 예쁘게 만들어 줄게
A(부탁): 나는 등이 초록색인 작고 예쁜 개구리
가 좋아. 개구리를 만들어 주면 좋겠어.
B(거절): 나 개구리 못 만든다고 했잖아, 싫어.

A(부탁): 넌 점토로 무엇이든 예쁘게 잘 만들었
어. 그럼 네가 만들 수 있는 개구리로
부탁해.
B(수용): 알았어. (점토로 상자를 만들어서 A에게
건네며) 자 여기에 개구리가 들어 있어.
A(수용): 와! 청개구리가 상자 안에 들어 있구나.
고마워.

● 상담사례 질문기법

- 거절했을 때 기분이 어떤가요?

- 거절했을 때 친구의 표정은 어땠나요?

- 친구가 두 번째 거절했을 때 기분은 어땠나요?

- 다시 부탁할 때 어떤 느낌이 들었나요?

- 세 번째 아무렇게나 만든 모양을 친구가 마음에 들어할 때 어떤 느낌이 들었나요?

- 나는 친구들에게 특별한 이유 없이 거절했던 경험이 있나요?

- 나는 가족에게 특별한 이유 없이 거절했던 경험이 있나요?

- 어떤 일을 하는 것이 대부분 마음에 드는 친구는 누구인가요?

- 어떤 일을 하는 것이 대부분 마음에 드는 가족은 누구인가요?

● 활동 후 질문 만들기

1

2

3

4

5

🌿 동화치료 사례 2

- 제목: 청개구리가 안전하게 살 수 있는 곳 표현하기
- 준비물: 컬러점토, 화지, 색연필
- 목표 및 기대효과
    - 작품 완성을 통한 자존감, 자신감 향상
    - 가족 상호작용 알기
- 지시어: 청개구리가 안전하게 살 수 있는 곳을 표현해 보세요.
- 활동순서
    - 가족 상호작용에 대해 이야기 나누기
    - 가족 중 반대로 하는 사람에 대해 이야기 나누기
    - 가족이 반대로 했을 때 어떤 일이 일어날지 예측하여 이야기 나누기
    - 개구리와 올챙이로 우리 가족 표현하기
    - 악어를 등장시켜 상황 질문하기
    - 작품에 대해 이야기 나누기

- 활동사례 살펴보기

청개구리가 연못에 소풍 와서 엄마를 연못 근처에 데리고 왔으면 좋겠다고 생각했고, 올챙이 동생들이 사이좋게 놀면 좋겠다고 표현

청개구리가 연못 근처에 엄마 무덤이 있으면 떠내려가지 않기 때문에 자신의 행동을 후회하고 자신의 세 마리 아기 올챙이를 보고 있는 것 표현

청개구리가 우물 근처에 살면 비가 와도 떠내려가
지 않고 가끔 사람들이 와서 무서운 동물들도 오
지 않을 것이라고 표현

〈상황제시〉
만약에 악어가 나타난다면?
친구 중에 악어를 닮은 사람은?
 – 즉흥 질문 후 움직일 수 있는 동물을 위치 이
   동하여 설명

만약에 악어가 나타난다면?
가족 중에 악어를 닮은 사람은?
 – 즉흥 질문으로 움직일 수 있는 동물 위치를 이
   동하며 이야기 나누기

만약에 악어가 나타난다면?
학교에서 악어를 닮은 사람은?
 – 즉흥 질문 후 움직일 수 있는 동물을 위치 이동
   하여 이야기 나누기

● 상담사례 질문기법

 – 내가 엄마 말을 듣지 않았던 일은 무엇인가요?

 – 반대로 했다가 더 어려웠던 적이 있나요?

 – 내가 청개구리라면 어떤 일이 일어났을까요?

 – 나는 친구들에게 청개구리가 되었던 적이 있었나요?

 – 내가 반대로 행동했을 때 친구들은 어떤 생각이 들까요?

– 올챙이 가족 중 가장 마음에 드는 올챙이는 누구인가요 ?

– 반대로 하는 올챙이는 어떻게 되었나요?

– 청개구리가 살고 있는 곳에 악어가 나타나면 어떻게 해야 할까요?

– 친구 중 악어를 닮은 사람은 누구인가요?

– 가족 중 악어를 닮은 사람은 누구인가요?

– 가장 멋진 올챙이는 누구인가요?

– 올챙이가 물이 없는 곳에서는 어떻게 살까요?

– 청개구리는 연못에서 어떤 생각을 할까요?

● 활동 후 질문 만들기

1	
2	
3	
4	
5	

동화 내용 이해하기

♥ 청개구리는 왜 엄마 말을 바르게 듣지 않을까요?

♥ 청개구리의 엄마는 왜 반대로 말할까요?

♥ 냇가에 청개구리 엄마의 무덤은 비가 오면 어떻게 될까요?

♥ 청개구리가 엄마 말을 바르게 들었다면 어떻게 되었을까요?

♥ 엄마가 어떻게 했다면 청개구리가 반대로 행동하지 않을까요?

6. 팥죽할머니와 호랑이

마음 열기

제삿날   초등 저학년 때쯤 제삿날이 다가오면 이번에는 기어이 잠을 안 자고 기다렸다가 맛있는 음식들을 다 먹어 볼 것을 기대하던 때가 있었다. 드디어 제삿날이 되었고 초저녁 잠과 결투 끝에 12시가 막 넘어가는 시간 엄마와 할머니께서 제사상을 차리고 아버지께서 두루막을 입고 막 절을 하는 것까지는 기억이 나는데 나는 그 잠깐을 기다리지 못하고 까무룩 잠이 들고 말았다. 다음 날 제사상에 올라갔던 음식들이 고스란히 남아 있는데 왜 제사상을 물리는 그 시간에 음식을 먹고 싶어 했는지……. 아마도 상다리가 부러질 듯 제사상에 가득한 음식들을 눈앞에 두고 즐기고 싶었던 것은 아니었을까? 기껏 기다려도 문어다리 하나와 겨울에 쉽게 맛볼 수 없는 수박 한 쪽, 할머니께서 숨겨 두었다가 제사상에 내놓는 곶감, 밤 대추 하나 정도를 먹었을 텐데 기다리다 기다리다 아버지께서 두루막을 입고 나오시는 것까지만 기억나는 날은 얼마나 억울해하며 하루를 보냈는지 모른다. 지금이야 흔한 수박이지만 제삿날이나 되어서야 배가 부르다 못해 배 아플 때까지 수박을 먹었던 기억이 난다. 제삿날 하면 수박을 배부르도록 먹고 배를 잡고 뒤뚱뒤뚱 걷는 내 모습이 동화 속 한 장면처럼 떠오른다.

전래동화 이야기-팥죽할머니와 호랑이

　옛날 옛날 산골에 할머니가 살고 있었어. 할머니는 봄이 되면 밭에 팥을 심어 여름이 지나 가을에 거둬들여 겨울이 되면 팥죽을 쑤어 먹었대. 그날도 팥씨를 심으려고 밭에 나가 일을 하고 있었어. 그런데 할머니가 열심히 일을 하고 있는데, 산에서 어슬렁어슬렁 호랑이 한 마리가 나타나 밭에서 씨앗을 심고 있는 할머니를 잡아먹으려고 했어. 그러자 할머니는 동지 팥죽을 쑤어 주면 그때 잡아먹으라고 하며 겨울까지 죽을 날

을 미루었어. 봄이 지나고 여름이 지나 팥나무는 쑥쑥 자라 가을이 되어 팥을 수확하게 되었어. 겨울이 되자 할머니는 걱정이 생겼어. 호랑이가 곧 산에서 내려올 것을 알고 있어서였지. 그리고 얼마 안 있어 동짓날이 되었어. 할머니는 한숨을 쉬며 가마솥 가득 팥죽을 쑤어 두고 호랑이에게 곧 잡아먹힐 것을 걱정하며 울고 있었어. 그때 "팥죽 한 그릇 주면 내 살게 해 주지." 하는 소리가 들렸어, 누군지 자세히 보니 알밤이 할머니에게 말하고 있었어. 할머니는 알밤에게 팥죽 한 그릇을 내주었어. 할머니의 팥죽을 먹은 알밤은 얼른 아궁이 속으로 뛰어들어 갔어. 조금 있으니 송곳이 할머니에게 알밤이 말한 것처럼 "팥죽 한 그릇 주면 내 살게 해 주지."라고 했어. 할머니는 팥죽을 송곳에게도 주었어. 자라, 물개똥, 송곳, 맷돌, 멍석, 지게 등 할머니 집에 있는 물건들이 차례로 할머니에게 팥죽 한 그릇씩 주면 도와주겠다고 약속했어. 드디어 밤이 되자 호랑이가 나타나 팥죽을 내놓으라고 했어. 팥죽을 먹고 할머니도 잡아먹으려는 속셈이었지. 호랑이가 팥죽을 먹으러 부엌으로 가는데, 할머니에게 팥죽을 얻어먹은 알밤이 아궁이에서 딱! 소리를 내더니 호랑이의 눈을 때렸어. 숨어 있던 자라, 물개똥, 송곳, 맷돌, 멍석, 지게의 도움으로 호랑이를 물리치고, 할머니는 목숨을 건질 수 있게 되었어. 할머니는 할머니를 도운 알밤, 자라, 물개똥, 송곳, 맷돌, 멍석, 지게를 소중히 여기며 행복하게 살았대.

질문으로 생각 확장하기

★호랑이는 팥죽을 좋아했을까요?

★지게 대신 호랑이를 무엇으로 들고 갈 수 있을까요?

★할머니는 이웃이 왜 없었을까요?

동화치료 사례

동화치료 사례 1

- 제목: 등장인물 만들어 이야기 구성하기
- 준비물: 점토(찰흙), 이쑤시개, 나무헤라
- 목표 및 기대효과
  - 자신이 만든 완성도 있는 작품을 통한 자존감 향상
  - 할머니를 돕는 보잘것없는 도구들의 소중함 알기
- 지시어: 팥죽할머니와 호랑이에 나오는 등장인물(도구)을 만들어 보고 장면을 연출해 보세요.
- 활동순서
  - 등장인물에 대해 이야기 나누기
  - 등장인물을 점토로 만들기
  - 이야기 내용에 맞게 연출하기
  - 주인공 되어 보기, 호랑이 되어 보기 등 다양한 등장인물 역할 체험하기
  - 할머니를 도와준 도구들의 역할에 대해 이야기 나누기
  - 완성된 등장인물로 장면 연출하기
  - 문제해결 방법에 대해 이야기 나누기
  - 작품 및 활동에 대해 이야기 나누기

● 활동사례 살펴보기

어느 날, 호랑이가 나타나 밭에서 팥을 심고 있는 할머니를 잡아먹으려고 해요. 할머니는 동지 팥죽을 쑤어 주겠다고 하고는 겨울까지 죽을 날을 미루게 되었어요.

동짓날이 되자, 할머니는 가마솥 가득 팥죽을 쑤며 호랑이에게 곧 잡아먹힐 것을 걱정하며 울고 있었어요.

그때, "팥죽 한 그릇 주면 내 살게 해 주지." 하는 알밤, 자라, 물개똥, 송곳, 맷돌, 멍석, 지게에게 팥죽 한 그릇씩 주게 되었어요.

드디어 밤이 되자 호랑이가 나타나 팥죽을 먹고, 할머니를 잡아먹으려고 했어요.

호랑이가 팥죽을 먹으러 부엌으로 가는데, 할머니에게 팥죽을 얻어먹은 알밤, 자라, 물개똥, 송곳, 맷돌, 멍석, 지게의 도움으로 호랑이를 물리쳤어요.

할머니는 할머니를 도운 알밤, 자라, 물개똥, 송곳, 맷돌, 멍석, 지게를 소중히 여기며 행복하게 살았어요.

● 상담사례 질문기법

- 위기의 순간 누가 나를 할머니처럼 도와줄까요?

- 할머니는 할머니집의 물건들을 평소에 어떻게 다루었을까요?

- 할머니는 어떤 물건을 가장 아낄까요?

- 할머니는 팥죽을 어떻게 끓였을까요?

- 할머니는 호랑이가 먹을 팥죽도 맛있게 끓였나요?

- 내가 할머니라면 어떤 물건이 나를 도왔을까요?

- 할머니를 도운 물건 중 내 친구와 닮은 것은 무엇인가요?

- 내가 친구들에게 잘 도와주는 것은 무엇인가요?

● 활동 후 질문 만들기

1	
2	
3	
4	
5	

🍁 동화치료 사례 2

- 제목: 질문놀이 활동(포스트잇)

- 준비물: 포스트잇

- 목표 및 기대효과

  - 생각을 확장하는 놀이로 자신의 다양한 표현력 경험하기

  - 질문 만들기로 동화의 내용 깊이 있게 이해하기

- 지시어: 팥죽할머니와 호랑이를 읽고 재미있는 질문을 해 보세요.

- 활동순서

  - 동화 이야기 듣기

  - 동화 내용에 대해 이야기 나누기

  - 동화 내용으로 질문 만들기

  - 상상과 공상을 더하여 질문 확장하기

  - 다양한 질문으로 생각 확장하기

  - 활동 후에 이야기 나누기

- 활동사례 살펴보기

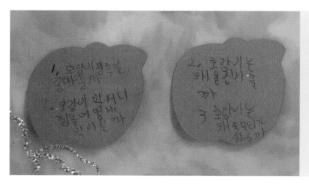

- 호랑이는 팥죽을 좋아할까요?
- 호랑이는 할머니 집을 어떻게 알았을까요?
- 호랑이는 몸집이 왜 클까요?
- 호랑이는 왜 줄무늬가 있을까요?

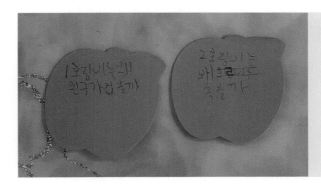

• 호랑이는 왜 친구가 없을까요?
• 호랑이는 왜 할머니의 말에 속을
  까요?

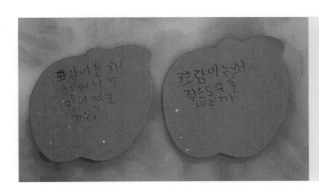

• 호랑이는 왜 할머니를 잡아먹을
  까요?
• 호랑이는 왜 작은 등장인물들에게
  질까요?

● 상담사례 질문기법

　– 내가 팥죽할머니라면 호랑이에게 뭐라고 말했을까요?

　– 내가 호랑이라면 팥죽할머니의 말을 믿었을까요?

　– 호랑이가 할머니의 팥죽을 먹고 도구들이 호랑이를 물리치지 않았다면 할머니는 잡아먹
　　혔을까요?

　– 동물들은 어떻게 팥죽을 좋아하게 되었을까요?

　– 할머니의 가족은 없었을까요?

　– 할머니의 이웃은 없었을까요?

　– 할머니는 왜 외딴집에 살았을까요?

● 활동 후 질문 만들기

1

2

3

4

5

동화 내용 이해하기

♥ 팥죽할머니가 한 약속은 무엇인가요?

♥ 팥죽할머니의 고민은 무엇인가요?

♥ 팥죽할머니는 누구의 도움을 받게 되나요?

♥ 할머니가 팥죽을 나누어 주지 않았다면 도움을 받을 수 있었을까요?

♥ 팥죽할머니는 누가 가장 고마웠을까요?

7. 혹부리 영감

마음 열기

돌고 도는 정   아들이 해군에 지원하여 자대 배치를 받았다. 낯선 생활에 얼마나 힘들까 걱정하다 기어이 면회를 갔다. 고생 끝에 도착해 아들을 만나 음식점으로 향했다. 주문한 음식을 기다리며 아들과 도란도란 이야기를 나누는데 앞에서 식사하던 분이 뒤돌아 앉으며 아들에게 물었다. "해군 몇 기예요?" "예, 598기입니다." "아, 난 345기예요." 그분은 군 생활에 관해 이것저것 물었다. 음식이 나오자 아들과 함께여서인지 밥그릇을 싹싹 비우며 맛있게 먹었다. 그때 아들에게 몇 마디 물어봤던 분이 "밥값 계산했으니 마저 먹고 가요." 하며 감사인사를 나눌 틈도 없이 나가 버렸다. '아는 사람도 아닌데 밥값을 계산하다니…….' 아들과 함께 그분의 호의에 감사하며 한참 이야기를 나누었다. "너도 언젠가 다른 사람에게 돌려줘, 엄마도 20년 전 쯤에 군인들 도와준 적 있었지……." 하며 아들에게 지나간 이야기를 들려주었다.

주말 시장을 보러 야채가게에 가고 있었는데 군인 일곱 명이 시장골목 막걸리 집에서 전과 술을 시켜 먹고 술값이 모자라 주점 할머니께 주민등록증을 맡기려는 중이었다. 무슨 일인가 지켜보던 중 휴가 나온 군인들의 얇은 지갑을 보고 문제를 이해하고 내가 술값을 대신 내 주었다는 이야기를 하고 식사를 마치고 일어섰다.

아들이 필요한 물품을 사러 근처 가게에 들렀는데 이것저것 주문하는 것을 본 주인 아주머니가 "자대배치 받은 지 얼마 안 되었구나, 힘들 때네. 잘 이겨내, 우리 아들도 군에 있어." 하며 시원한 캔 커피를 건네 주었다.

부산에서 전라도 삼호까지 먼 거리를 마다하지 않고 달려왔는데, 만나는 사람마다 어찌나 따뜻한 정을 나누어 주시던지 아들을 부대로 돌려보내는 마음이 한층 홀가분했다.

＊이 글은 『좋은 생각』 2013년 9월호에 채택되어 실린 대표저자 박차숙의 글이다.

전래동화 이야기−혹부리 영감

옛날 어느 마을에 혹부리 할아버지가 살고 있었어. 어느 날, 혹부리 할아버지는 산에 나무를 하러 갔대. 나무를 하고 집으로 돌아오던 중 소나기를 만나 잠시 비를 피하려고 낡은 집에 들어갔어. 잠깐 비만 피하고 온다는 것이 글쎄 혹부리 할아버지가 깜박 잠이 들어 밤이 되어 버렸어. 밤이 되니 무섭고 하여 혹부리 할아버지는 무서움을 떨쳐내기 위해 노래를 막 불렀어. 그런데 그때 깜깜한 밤에 밖이 시끌시끌 소란스러웠대. 혹부리 할아버지는 그곳이 도깨비가 살고 있는 집인 걸 몰랐던 거야. 도깨비들이 집으로 돌아와 멋진 노래 소리가 들리니까 어디서 나는 소린지 이야기하느라 시끄러웠던가 봐. 도깨비들은 혹부리 할아버지께 "노래를 어쩜 그렇게 잘하슈. 노래 좀 가르쳐 주시오." "그런데 그 노래가 이 주머니에서 나오는 거요?" 하며 손가락으로 할아버지의 혹을 가

리키더래. 도깨비들은 혹부리 할아버지의 멋진 목소리가 할아버지 혹에서 나오는 것이라고 생각했던가 봐. 그러고는 할아버지께 혹을 달라고 졸랐어. 그런데 우리도 알고 있지? 혹부리 할아버지의 멋진 노래는 혹에서 나오는 것이 아니라는 것을. 하지만 도깨비들이 너무 졸라서 할아버지는 자신의 멋진 목소리가 혹에서 나온다고 말했어. 도깨비들은 혹을 아프지 않게 떼 가고 보물도 할아버지께 많이 주었대. 그런데 이웃 동네에 욕심 많은 혹부리 할아버지가 살고 있었는데 그 소식을 듣고 깊은 산속에 나무를 하러 갔다가 도깨비 집에서 하루를 묵었대. 도깨비들이 집으로 돌아오는 소리가 났고 할아버지는 신나게 노래를 불렀지. 그런데 도깨비들은 욕심쟁이 할아버지께 또 노래를 가르쳐 달라고 졸랐어.

　노래를 배우고 나서 도깨비는 착한 혹부리 할아버지한테처럼 노래가 혹에서 나오는지 물었고 욕심쟁이 할아버지는 커다란 혹에서 노래가 나온다고 말했어. 그런데 이게 웬일이야? 도깨비들은 "음……, 그 노래가 혹에서 나오는 거라면 노래주머니 하나를 더 붙이면 노래를 더 잘하겠네?"라고 말하더니 혹이 없었던 쪽에 혹 하나를 더 붙여서 쫓아 버렸어. 욕심쟁이 혹부리 할아버지는 억울해하며 집으로 돌아왔대.

질문으로 생각 확장하기

★혹부리 할아버지는 도깨비가 사는 집을 몰랐을까요?

★도깨비들은 노래를 왜 좋아할까요?

★욕심쟁이 할아버지는 두 개의 혹을 가진 후 다시 도깨비를 찾아갔을까요?

🌈 동화치료 사례

🍁 동화치료 사례 1

- 제목: 종이인형으로 표현하기(긍정의 말, 부정의 말)

- 준비물: 화지, 색연필, 크레파스, 가위

- 목표 및 기대효과

  - 긍정 표현과 부정 표현 알기

  - 부정 표현을 체험함으로써 상대방의 마음 공감하기

- 지시어: 종이인형으로 혹부리 할아버지와 도깨비가 되어 표현해 보세요.

- 활동순서

  - 혹부리 할아버지 동화 구연

  - 욕심에 대해 이야기 나누기

  - 화지로 등장인물 만들기

  - 종이인형으로 긍정의 말과 부정의 말 표현해 보기

  - 활동 후에 이야기 나누기

- 활동사례 살펴보기

착한 혹부리 할아버지, 욕심 많은 혹부리 할아버지, 도깨비와 보물상자, 도깨비 방망이 등 등장인물과 도구를 자유롭게 표현하였다.

도깨비를 만들고 나서 너무 귀여운 도깨비라 무서워지지 않을 것 같은데 어떻게 하면 좋으냐고 고민하였다.

도깨비 방망이를 과장되게 만든 것에 대해 "세상에, 이렇게 큰 도깨비 방망이가 있을까요?"라고 질문하며 재미있게 표현하였다.

● 상담사례 질문기법

  – 내가 만든 혹부리 할아버지의 인상은 어떤가요?

  – 도깨비가 나타나면 어떤 생각이 먼저 들까요?

  – 무서운 생각이 들 때 나만의 해결방법은 무엇인가요?

  – 과장된 도깨비 방망이로 지금 내가 필요한 것을 줄 수 있다면 무엇을 갖고 싶은가요?

  – 도깨비가 생각보다 무섭지 않다면 도깨비들에게 어떤 말을 하면 될까요?

  – 착한 혹부리 할아버지는 왜 끝까지 노래가 혹에서 나오는 것이 아니라고 말하지 않았을까요?

  – 욕심 많은 혹부리 할아버지는 도깨비 방망이가 생기면 무엇을 갖고 싶었을까요?

  – 우리 가족 중 도깨비 방망이가 가장 필요한 사람은 누구인가요?

● 활동 후 질문 만들기

1

2

3

4

5

🌿 **동화치료 사례 2**

● 제목: 내가 도깨비 방망이를 가지게 된다면(미니젠가로 표현하기)

● 준비물: 젠가

● 목표 및 기대효과

  – 자신의 현재 욕구 알아보기

  – 자신이 현재 하고 싶거나 갖고 싶은 것에 대한 해결방법 알아보기

● 지시어: 내가 도깨비 방망이를 가지게 된다면 무엇을 가지고 싶은지 표현해 보세요.

● 활동순서

  – 동화 읽기

  – 동화 내용에 대해 이야기 나누기

– 내가 도깨비 방망이를 가지게 된다면 무엇을 갖고 싶은지, 가족에게 선물하고 싶은 것은
  무엇인지 이야기 나누기

– 미니 젠가로 선물하고 싶은 것 표현하기

– 활동 후에 이야기 나누기

● 활동사례 살펴보기

우리 집에 에어컨이 없어서 인공지능(내 말을 알아듣는) 에어컨이 나오면 좋겠다고 표현

엄마가 보석을 좋아하는데 이런 보석 목걸이를 어머니께 선물하고 싶다고 표현

지금 배가 고파서 도깨비 방망이로 햄버그가 나오게 하면 좋겠다고 표현

● 상담사례 질문기법

 – 에어컨이 우리 집에 생기면 기분이 어떨까요?

 – 어머니께 목걸이를 선물하고 어머니 표정을 보면 어떤 생각이 들까요?

 – 맛있는 햄버그를 마음대로 먹을 수 있다면 누구와 나눠 먹을까요?

 – 도깨비 방망이를 딱 한 번만 사용할 수 있다면 무엇이 나오면 좋을까요?

 – 도깨비 방망이로 나를 위해서는 딱 한 번만 사용할 수 있다면 무엇을 부탁할까요?

 – 언니(동생)가 나에게 어떤 선물을 해 주면 고마울까요?

 – 오늘 어머니께서 선물을 해 주신다면 나에게 어떤 선물이 좋을까요?

 – 나는 친구에게 어떤 선물을 해 준 적이 있나요?

 – 가족에게 선물을 받으면 고마움을 어떻게 표현할까요?

● 활동 후 질문 만들기

1

2

3

4

5

동화 내용 이해하기

♥ 혹부리 할아버지는 왜 산에 나무를 하러 갔을까요?

♥ 혹부리 할아버지가 착하다는 것을 어떻게 알 수 있었나요?

♥ 도깨비들은 노래가 어디에서 나온다고 생각하였나요?

♥ 내가 착한 혹부리 할아버지라면 도깨비들에게 무엇을 받아 오고 싶은 가요?

♥ 욕심 많은 혹부리 할아버지는 혹을 하나 더 붙여서 집에 오면서 어떤 생각이 들었을까요?

8. 흥부와 놀부

마음 열기

**어머니를
위한 용기**

어린 시절 우리 가족은 아버지의 7남매 중 결혼하지 않은 삼촌, 고모와 아버지의 자녀인 5남매와 할머니, 어머니, 아버지까지 모두 13명이나 되는 대가족이었다. 거기다 낮에 우리 농삿일을 도와주시는 두 사람까지 어머니는 열다섯 명의 식사와 삼촌, 고모와 우리 남매들의 5, 6인분 도시락까지 더하여 매일 20인분 이상의 식사를 혼자 준비하셨다.

　초등 3학년쯤 어느 겨울 이른 아침 할머니께서는 쇠죽을 끓이는 아궁이에서 불을 지피시며 우물 건너 부엌에서 밥하고 계시는 어머니를 야단치고 계셨다. 그때 나는 어머니와 할머니 사이에 있는 우물에서 어머니 밥하는 데 필요한 물을 긷고 있었다. 어머니는 그게 아니라는 소견 한 번 말하지 못하고 부엌일을 하고 있었고, 할머니의 잔소리는 계속되고 있었다. 나는 어머니를 할머니의 잔소리에서 탈출시킬 방법이 없는가 잠시 주위를 두리번거리다 '지금이다!'라는 생각이 드는 순간 옆에 있던 빨간 플라스틱 양동이를 우물 벽에다 내리쳤다. 빨간 플라스틱 양동이는 마치 엄마를 혼내는 할머니의 목소리가 듣기 싫다고 외치는 듯 앙칼지게 박살이나 바닥에 흩어졌다. 양동이 조각이 빨간색 얼음 조각처럼 발밑에 깔리고 나서야 할머니의 끝없는 잔소리에서 어머니를 탈출시켰음을 알아채고 정신이 번쩍 들었다. 나는 한 손에 들려 있던 두레박을 얼른 우물 속에 내던지고 대문을 향해 달려 나갔다. 그날 나는 누구에게도 혼나지 않았다. 어머니는 빨간 양동이가 내 손에서 미끄러져 바닥에 떨어져서 깨뜨린 줄로 알고 계셨다. 어렸는데도 어머니를 혼내는 할머니 앞에서는 어디서 숨어 있었는지 모를 용기가 났던 기억이 있다. 하지만 그래서였을까? 어릴 때부터 할머니와 나는 언제나 약간 거리가 있었던 것 같다.

전래동화 이야기 – 흥부와 놀부

　옛날 놀부와 흥부라는 형제가 살고 있었대. 놀부는 욕심 많고 장난꾸러기였지만, 동생인 흥부는 착했대.

　돌아가신 아버지는 형제끼리 유산을 나누라고 했지만 욕심 많은 놀부는 동생 몫까지 뺏어 부자가 되고 흥부는 가난하게 살았어. 흥부에게는 부인과 어린 자식들이 있었는데, 먹을 음식이 없어서 너무 배가 고파 하루는 흥부가 형 놀부의 집에 음식을 얻으러 갔어. "형님, 먹을 음식이 없어서 아이들이 다 굶어 죽게 생겼으니 아이들 먹일 음식이라도 좀 나누어 주십시오." 하고 부탁했는데 놀부와 놀부 마누라는 음식은커녕 주걱으로 흥부의 볼을 때리고 집에서 쫓아냈대. 그러던 어느 날, 흥부의 집 앞에 다리를 다친 제비가 쓰러져 있었어. 마음씨 착한 흥부는 제비를 불쌍히 여겨 다리에 약을 발라 붕대로 감아 주고 정성껏 치료해 주었어. 가을이 되어 제비는 고향으로 돌아갔고 다시 봄이 되었어. 흥부가 다리를 고쳐 준 제비는 어떻게 되었을까?

　강남으로 돌아간 제비는 제비왕에게 자신이 겪었던 이야기를 했어. 인간 세상에서 흥부라는 사람을 만났는데 흥부는 가난한데도 자기를 가엾게 여겨 자기 다리를 고쳐 준 생명의 은인이라 흥부에게 은혜를 갚을 수 있게 해 달라고 청했어. 왕은 제비가 흥부에게 은혜를 갚을 수 있도록 제비에게 박씨를 주었지. 제비는 박씨를 물고 흥부의 집으로 다시 돌아온 거야. 흥부는 기뻐하며 박씨를 심었고, 박씨는 곧 무럭무럭 자라 지붕을 다 덮을 정도가 되었어. 흥부와 흥부의 가족은 박을 따와 노래를 부르면서 박을 타기 시작했어. 그런데 갑자기 펑! 하는 소리와 함께 박에서 온갖 금은보화가 쏟아져 나오는 거야. 그다음 박도, 그다음 박도 마찬가지였어. 곧 흥부네는 부자가 되었고, 이 사실을 전해 들은 놀부네는 샘이 나 흥부에게 어떻게 부자가 되었는지 알려 달라고 졸랐어. 착한 흥부는 그동안 있었던 이야기를 빠짐없이 얘기해 주었지. 놀부는 당장 집에 돌아가서 처마 밑에 있는 제비를 잡아 다리를 부러뜨리고는 다시 고쳐 주었어. 화가 난

제비는 곧장 하늘로 올라가 제비왕에게 그 사실을 알렸어. 분노한 제비왕은 이번에도
제비에게 박씨를 물려 주었어. 제비는 놀부에게 돌아와 박씨를 주었고, 놀부는 허겁지
겁 박씨를 정성 들여 심었지. 놀부네 집에도 박이 커지고, 어느 날 놀부는 박을 따 와서
타기 시작했어. 그런데 박에서 무엇이 나왔을까? 펑! 하는 소리와 함께 박이 갈라졌는
데……, 그 박에서는 금은보화는커녕 무서운 도깨비가 나타나 놀부와 놀부의 가족을
때리는 거야. 다음 박에서는 웬 장정들이 나와 놀부의 집을 부수고 온갖 보물을 가져가
버렸어. 그다음 박에도 나쁜 도둑들이 나와서 놀부 집의 값나가는 물건들을 모두 가져
가 버렸대. 놀부와 그 가족은 바닥에 엎드려 잘못했노라고 빌었지. 놀부와 놀부 마누
라가 싹싹 빌며 용서를 빌자 박에서 나타난 사람들은 사라졌어.
  놀부는 자신의 잘못을 뉘우치고 흥부에게 울면서 용서해 달라고 빌었어. 마음씨 착
한 흥부는 놀부 형님 가족과 사이좋게 살았대.

질문으로 생각 확장하기

★놀부만 욕심을 부렸을까요?

★흥부가 부자가 되고 놀부를 도와주려 할 때 반대하는 사람은 없었을까요?

★내가 만약 장난이 심한 제비라면 어떤 박씨를 물어다 주었을까요?

🌈 동화치료 사례

🍁 동화치료 사례 1

- 제목: 뱀이 제비를 잡아먹으려는 순간 깜짝 놀랐어요!(색종이 찢어 표현하기)

- 준비물: 화지, 색종이, 풀

- 목표 및 기대효과

    − 자신의 놀랐던 경험 표현하고 놀랐던 일 이야기 나누기로 극복하기

- 지시어: 자신이 경험한 깜짝 놀란 일을 표현해 보세요.

- 활동순서

    − 흥부와 놀부 동화 듣기

    − 자신이 경험했던 깜짝 놀랐던 순간에 대해 이야기 나누기

    − 색종이를 찢어서 표현하기

    − 자신의 경험에 대해 이야기 나누기

    − 자신의 놀랐던 경험을 어떻게 극복했는지 이야기 나누기

    − 완성작품에 대해 이야기 나누기

    − 활동 후에 이야기 나누기

● 활동사례 살펴보기

내가 나무 위에 올라가 있을 때 우리 엄마가 깜짝 놀랐어요.

낮잠을 자다가 귀신 꿈을 꾸어서 깜짝 놀랐어요.

대구에서 엄마와 부산 가는 기차를 타야 하는데 서울 가는 기차를 타서 깜짝 놀랐어요.

● 상담사례 질문기법

– 내가 깜짝 놀란 순간은 언제인가요?

– 어떤 것을 보고 깜짝 놀라게 되나요?

– 최근 깜짝 놀란 일은 무엇인가요?

– 내가 매번 놀라는 일이 있나요?

– 내가 가장 크게 놀라는 일은 무엇인가요?

– 나는 왜 크게 놀랄까요?

– 가난한 흥부 집에 제비 다리에 발라 줄 약은 어디서 났을까요?

– 흥부는 정말 착한 사람이었을까요?

– 놀부는 무엇 때문에 나쁜 사람이 되었을까요?

● 활동 후 질문 만들기

1	
2	
3	
4	
5	

🌿 동화치료 사례 2

● 제목: 떠오르는 이미지 토막나무로 표현하기(흥부놀부전)

● 준비물: 토막나무, 흑화지, A4, 연필, 지우개, 색종이

● 목표 및 기대효과

   – 이야기 내용을 이미지로 표현하고 자신의 작품을 언어로 표현하여 자신감 찾기

● 지시어: 흥부와 놀부 이야기를 듣고 떠오르는 이미지를 토막나무로 표현해 보세요.

● 활동순서

   – 동화 이야기 듣기

   – 이야기 내용 중 기억나는 장면에 대해 이야기 나누기

   – 토막나무로 이야기 중 자신이 표현하고 싶은 이미지 표현하기

– 표현한 이미지부터 표현언어로 연결하여 이야기하기

– 나무로 표현한 이미지를 그림으로 표현하기

– 활동 후에 이야기 나누기

● 활동사례 살펴보기

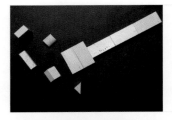 

• 흥부가 밥주걱으로 뺨을 맞고 나서……
  –흥부는 뺨에 붙은 밥풀을 모아서 제일 작은 아이에게 가져다주었다.
• 연필로 표현하기 활동

• 흥부가 박을 타고 박에서 금은보화가 쏟아졌는데……
  –흥부는 금은보화를 팔아서 부자가 되고 제일 먼저 쌀을 아주 많이 샀다.
• 연필로 표현하기 활동

• 흥부네 자식들 아홉 명이 한방에서 잠을 자는데……
  –이불이 없어서 반씩 나누어서 번갈아 잤다.
• 연필로 표현하기 활동

● 상담사례 질문기법

– 흥부가 살았던 시대에는 얼마나 추웠을까요?

– 내가 흥부의 자식 중 한 명이라면 배고픈 것을 어떻게 해결했을까요?

– 흥부가 부자가 되고 나서 놀부를 도와주지 않았다면 놀부는 어떻게 살고 있을까요?

– 흥부 집에 다음 해에도 제비가 왔을까요?

– 흥부 집에서 가장 맛있는 음식은 무엇일까요?

– 흥부네 가족이 싸우는 일이 있다면 무엇 때문일까요?

– 흥부는 놀부와 사이가 좋아졌을까요?

– 흥부네 자녀와 놀부네 자녀는 사이가 좋았을까요?

– 흥부네 자녀 중 가장 욕심이 많은 사람은 누구일까요?

● 활동 후 질문 만들기

동화 내용 이해하기

♡ 흥부와 놀부는 어린 시절에는 사이가 어땠을까요?

♡ 놀부는 왜 동생을 쫓아냈을까요?

♡ 흥부는 왜 형님을 찾아갔을까요?

♡ 착한 흥부는 어떻게 부자가 되었을까요?

♡ 놀부는 왜 제비의 다리를 일부러 부러뜨렸을까요?

9. 방귀쟁이 며느리

🔑 마음 열기

20년만의 소통 결혼 후 나는 시어머니가 하시는 말씀에 상처를 많이 받고 살았다. 그 시절에는 다 그랬지만 감정에 많은 영향을 받는 나 자신이 문제이기도 했었다. 많은 시간이 흘러 시어머니께서 거동이 불편해지셔서 요양센터에 계시던 어느 날 느닷없이 전화가 왔다. 전화기 너머로 과한 표현과 우렁찬 목소리가 들려왔다. 그때 나는 어머니가 계신 센터에 미술치료사로 자원봉사를 하며 어머니를 자주 찾아뵈었는데 그날은 어머니의 우렁찬 목소리에 깜짝 놀라 시간을 만들어 어머니와 진솔한 이야기를 나누어 보기로 했다. 어머니께서는 나를 보자마자 여전히 우렁찬 목소리로 오늘이 내 생일인지 알고 있느냐며 목소리를 낮추지 않으셨다. 달력을 가져와 어머니의 생신은 오늘이 아니라는 것을 차근차근 설명해 드린 후 내가 하고 싶은 말을 하기 시작했다. 결혼 후 어머니의 이런 대화법으로 저는 마음고생을 많이 했고, 친정 부모님께서 저를 벼락같이 호통치며 훈육하지 않아서 결혼 후 어머님께서 이렇게 저를 혼내실 때마다 아주 어렵고 무서웠다고 말씀을 드렸으며, 앞으로 화내거나 호통으로 소통하시면 저도 자주 오지 않겠다는 의견도 말씀드렸다. 열심히 내 생각을 말씀드리는 동안 어머니의 안색은 점차 안정이 되었고 이야기가 끝날 무렵 "니 하고 싶은 말 다 했나?" 물어보셔서 "네, 20년 전에 하고 싶었는데 이제야 말할 용기가 났습니다." 했더니 "진즉 말해 주지. 나는 평소에 이렇게 말하고 살아서 니가 내 목소리에 놀라는 줄은 몰랐다. 앞으로는 너한테 큰 소리로 말 안 하꾸마." 어머님의 말씀에 잠시 허탈했다. '좀 더 일찍 이런 대화를 용기 내어 시작했더라면…….' 하는 아쉬움이 들었다.

어느 날 병원을 들렀을 때 "야야, 내가 여기가 많이 불편하다."라며 당신의 자녀들에게도 말하지 못하는 불편한 고통을 말하셔서 내가 아픈 것으로 산부인과에 가서 설명하고 대신 처방

받아 어머니께 전달했다. 오랫동안 불편한 시간을 보냈으나 그날 이후 어머니와 허물없는 대화를 할 수 있게 되어 참 감사한 시간이었다. 어머니께서 요양병원에서 마지막 시간을 보내실 때, 늦은 밤이든 이른 새벽이든 시간을 개의치 않고 찾아뵈었다. 시댁의 어른이라는 어려움에 너무 오랫동안 소통을 못하고 깜깜한 공간을 채우고 있었다는 생각이 든다. 어머님께서 가신 후에도 그날 용기를 내어 어머니와 소통을 했던 나 자신이 참 고맙다. 내가 어머니와 그날 대화를 시도하지 않았다면 지난날 어머니와의 감정은 지금도 평생 풀어야 할 과제로 남겨져 있을 것이다.

전래동화 이야기 — 방귀쟁이 며느리

　옛날 어느 고을 양반댁에 아주 착하고 예쁜 며느리가 시집을 왔대. 그런데 며느리는 날이 갈수록 얼굴이 노랗게 변하고 야위어 가고 있었어. 하루는 시아버지가 걱정이 되어 며느리를 불렀대. "아가야, 어디 아프니? 너의 얼굴빛이 점점 좋지 않아 보이는구나." 며느리는 시아버지의 말에 "저, 저…… 아버님……." 하며 이상하게 말을 잘 하지 못했지. "괜찮으니 편하게 이야기해 보렴." 시아버지의 말에 며느리가 기어들어 가는 목소리로 대답했어. "제가요, 방귀를 많이 뀌는데 시집 온 후로는 방귀를 한 번도 뀌지 못해 몸이 자꾸 아파요." 이 말을 들은 시아버지는 껄껄 웃으며 말했어. "괜찮아, 이제 우리 집에서 마음 놓고 방귀를 뀌거라." 그런데 며느리가 우물쭈물하더니 "그런데 아버님, 제 방귀가 너무 센데 어떡하지요?" "괜찮아, 마음 놓고 뀌어." "아버님, 그러면 문고리를 잡고 계셔 주세요." 시아버지는 며느리의 행동이 웃겼지만 며느리가 시키는 대로 문고리를 꼭 붙잡고 있었어. 그런데 순간 '펑! 펑! 펑!' 하고 천둥 같은 방귀 소리가 났어. 시아버지가 문고리를 잡고 있지 않았다면 어디까지 날아갔을지도 모를 정도였지.
　시아버지는 깜짝 놀라 며느리를 내쫓았어. 며느리는 할 수 없이 친정집으로 가다가

동구 밖 나무 아래서 쉬고 있다 비단장수 아홉 명을 만났어. 비단장수들은 맛있게 익은 감이 먹고 싶었지만 감이 너무 높은 곳에 달려 있어서 침만 삼키고 있었어. 며느리는 이것을 보고 감을 따 주겠다고 했지. 비단장수들은 며느리의 말을 믿지 않고 어떻게 여자가 이렇게 높은 곳에 있는 감을 따 줄 수가 있느냐며 비웃었지. 그리고 비단장수들이 감을 따 주면 당나귀와 비단을 모두 주겠다는 약속을 하게 되었어. 비단장수들은 며느리가 감을 딸 수 없을 거라고 확신했던 거지. 며느리는 엉덩이를 감나무 아래에 대고 힘을 다해 방귀를 '뿌웅!' 하고 뀌었대. 방귀 소리에 나무에 달려 있던 감이 와르르 떨어졌어. 이 광경을 지켜본 비단장수들은 할 말을 잃었지. 며느리는 약속대로 비단과 당나귀를 몰고 갔어.

한편, 아내가 아버지에게 쫓겨난 것을 뒤늦게 안 남편은 아내를 찾아 뒤쫓아 오고 있었어. 방귀를 뀌어도 괜찮으니 집으로 다시 가자고 말했지. 시아버지는 비단과 당나귀 내기 이야기를 듣고는 이제부터 마음대로 방귀를 뀌어도 된다고 했어. 방귀 뀌는 며느리는 그날부터 행복하게 살았대.

질문으로 생각 확장하기

★시어머니는 방귀쟁이 며느리를 어떻게 생각했을까요?

★며느리가 방귀로 고민하는 동안 남편은 왜 도와주지 않았을까요?

★비단과 당나귀를 가지고 돌아온 후 방귀를 크게 뀌어도 미움 받지 않고 살았을까요?

동화치료 사례

동화치료 사례 1

● 제목: 맛있는 (　　　　) 먹고 싶어요.

● 준비물: 화지, 점토, 색연필, 크레파스, 가위

● 목표 및 기대효과

　– 자신이 좋아하는 음식 표현하기

● 지시어: 괄호 안에 들어갈 음식을 그려 보세요.

● 활동순서

　– 방귀쟁이 며느리 동화 읽기

　– 동화 속 비단장수가 좋아하는 과일에 대해 이야기 나누기

　– 자신이 좋아하는 음식에 대해 이야기 나누기

　– 그림으로 자신이 좋아하는 음식 표현하기

　– 자신이 표현한 음식을 보며 이야기 나누기

　– 활동 후에 이야기 나누기

● 활동사례 살펴보기

• 저는 고기를 좋아해요.

• 언니와 둘이서 치킨을 다 먹어요.

• 과일 중에는 귤이 제일 맛있어요.

● 상담사례 질문기법

– 우리 가족이 좋아하는 음식은 무엇인가요?

– 비단장수 모두가 감을 좋아했을까요?

– 내가 가장 좋아하는 음식은 무엇인가요?

– 기억에 남은 특별히 맛있었던 음식은 무엇인가요?

– 내가 좋아하는 음식을 누구와 함께 먹고 싶은가요?

– 내가 그린 음식을 누구에게 주고 싶은가요?

– 내가 그린 음식 중 가장 맛있어 보이는 음식은 무엇인가요?

● 활동 후 질문 만들기

1	
2	
3	
4	
5	

🌿 동화치료 사례 2

● 제목: 약속에 대한 경험 이미지로 표현하기(당나귀와 비단을 모두 주겠다는 약속을 하게 되었어)

● 준비물: 화지, 연필, 점토

● 목표 및 기대효과

   – 자신이 경험한 약속에 대한 경험 표현하기

   – 약속에 대한 개념을 알고 실천방법과 계획 알아보기

● 지시어: 약속을 어겨서 어려웠거나 힘들었던 경험을 점토로 표현해 보세요.

● 활동순서

   – 동화 읽기

   – 자신이 경험한 약속에 대해 이야기 나누기

- 자신의 약속과 관련된 이야기를 그림으로 표현하기

- 약속 이행을 위해 어떻게 하면 좋을지 방법 알아보기

- 작품에 대해 이야기 나누기

- 활동 후에 이야기 나누기

● 활동사례 살펴보기

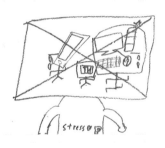

성적을 반에서 10등 올리겠다며 아버지께 과장된 약속을 했다가 휴대전화와 컴퓨터 사용을 금지당한 상황 그림에 표현

성적표를 부모님 몰래 버리고 그 순간 느낀 시원한 기분을 표현함.
사실을 근거로 약속해야 겠다고 결심

책을 읽기로 약속했는데 읽기 싫어서 읽었다고 거짓말한 것을 표현

● 상담사례 질문기법

- 상대방이 약속을 지키지 않았을 때 어떤 생각이 드나요?

– 약속을 지키지 않았던 일 중에 기억나는 것은 무엇인가요?

– 어머니와 지키지 못한 약속은 무엇인가요?

– 친구와 지키지 못한 약속은 무엇인가요?

– 약속을 지키지 못했을 때 상대방에게 어떤 말을 하면 좋을까요?

– 가장 지키기 어려운 약속은 무엇일까요?

– 현재 가장 지키기 힘든 약속은 무엇인가요?

– 나는 약속을 지키지 못한 적이 있나요?

– 나는 약속을 잘 지키나요?

– 약속을 할 때 유의해야 할 점은 무엇인가요?

– 약속으로 인해 불편했던 일은 무엇이었나요?

● 활동 후 질문 만들기

1

2

3

4

5

동화 내용 이해하기

♡ 방귀쟁이 며느리의 고민은 무엇이었나요?

♡ 시아버지는 며느리의 고민을 듣고 약속을 지켰나요?

♡ 시아버지는 왜 며느리를 쫓아냈을까요?

♡ 친정집으로 가는 길에 방귀쟁이 며느리는 어떤 일을 겪었나요?

♡ 시아버지는 왜 며느리를 다시 받아 주었을까요?

잠깐 쉬어가요

상담에서 만난
현실 형제 이야기

얼마 전 내담자 쌍둥이인 이죽이와 삐죽이 중 형 삐죽이가 훌쩍이면서 센터에 들어오고, 한참 후에야 느긋하게 동생 이죽이가 센터에 들어왔다. 두 녀석을 불러 놓고 이유를 묻자 너무도 당황스러운 대답이 쏟아져 나왔다. 학교를 마치고 센터 오는 길에 동생이 형의 길을 막으며 괴롭혔고 화가 난 형은 "너는 게임 랩도 낮으면서."라며 느닷없이 동생의 게임 실력을 공격했다. 두 녀석이 한참의 실랑이 끝에 동생은 게임 점수 공격으로 자존심이 상했다며 형을 경찰에 신고하겠다고 협박하였고, 형은 다시는 안 하겠다고 사과를 하였으나 동생의 변함없는 신고 협박에 울면서 센터까지 오게 되었다고 한다. 왜 형을 경찰서에 신고까지 해야 하느냐는 질문에 학교 상담선생님이 '경찰에 신고하겠다'고 협박하면 놀리지 않을 거라고 했다면서 직접 해 보니까 효과가 있다며 울고 있는 형의 표정과 달리 동생은 싱글벙글 즐거워 보였다.

평소에도 두 아동 중 동생 이죽이는 형의 말에 이죽거리며 괴롭혔고, 형 삐죽이는 동생의 말 끝에 항상 눈물로 괴로움을 호소해 왔다. 지난주 동화를 활용한 수업에서 흥부와 놀부 동화를 구연하던 중 놀부의 심술이 표현되는 장면에서는 서로 얼굴을 마주보며 아니라는 듯 고개를 갸웃거리던 녀석들이었다.

형을 경찰에 신고하겠다는 이 녀석을 어떻게 통찰시켜 줄까 잠깐 고민한 후, 비록 경찰에 신고하라는 협박을 대안으로 제시한 부분이 달갑지는 않지만 이왕 노출된 경찰 신고 대안의 개념과 기준을 알려 주고, 어떤 상황일 때 실천으로 옮겨야 하는지 즉흥적으로 단기 프로젝트 프로그램을 계획하여 아이들에게 알렸다. 형제는 그동안 서로 괴로웠던 말과 행동을 체크리스트에 정리해 보았는데 형은 23개, 동생은 28개로 서로 듣기 싫은 말과 행동을 체크한 후 놀라워하였다.

두 녀석의 체크리스트에서 표현언어, 행동언어, 표정언어를 확인하여 중복되는 체크리스트를 다시 만들고 그중 서로 제일 먼저 해결하고 싶은 하나를 상담사 개입으로 선택하게 하였다. 아이들은 그때부터 표정이 즐거워 보였고 고민의 시간이 지나가고 서로 선택한 첫 번째 해결 과제를 '욕하기 금지'로 도출하여 결과물을 제출했다.

상담을 계속 이어 나갔다. 네가 신고하려고 했던 경찰서와 네가 신고당할 뻔한 경찰서를 선생님이 한

달 동안 개소한다고 말하고 현재 서로 상대방 때문에 괴로운 말이나 행동을 경찰관에게 고발하라고 지시하고는 경찰서 이름 짓기와 명패 만들기를 진행하였다.

아이들에게 "지금부터 백양센터 경찰서를 개소합니다."라고 경찰서의 개소를 알리고 백양경찰서 경찰관은 선생님이란 것도 알렸다. 화지에 경찰서 로고를 만들어 아이들과 함께 채색하여 벽에 붙여 놓고 개소식을 진행하였다.

경찰서 운영에 대한 세부 계획도 알려 주었다. 그리고 아이들에게 경찰서 신고에 앞서 신중해야 할 세 가지를 발표하였다.

첫째, 듣기 싫은 말 리스트에서 하지 말라는 표현을 몇 번 했을 때 경찰서에 신고할 것인가?

둘째, 이 사건은 경찰서에 신고했을 때 경찰관의 경고를 받지 않을 만한가?

셋째, 나는 이 사건과 무관한가?

이처럼 충분히 검토한 후 신고까지 진행하는 규칙을 제공하였다. 그리고 먼저 경찰서에 고발하겠다고 했던 아동에게 형의 체크리스트에 네가 형을 괴롭히고 있는 행동 대부분이 들어 있어서 네가 경찰서에 먼저 고발은 하지만 둘 다 고발되는 위험한 상황이 될 수도 있다고 알렸다. 두 녀석이 깜짝 놀라며 멍하니 상담사를 진지하게 바라보는 모습이 얼마나 귀여운지 웃음을 참느라 상담이 진행되는 내내 입술을 앙다물며 참았다. 경찰서라는 위엄에 신뢰를 더하기 위해 목소리의 단호함까지 유지하였고, 상담이 진행되는 동안 아이들 나름의 심각한 상황을 눈빛으로 주고받는 흥미로운 장면과 상담 진행 중 돌발적으로 전개되는 재미있는 상황을 글로는 더 이상 전달하지 못하는 부분이 아쉬움으로 남는다.

우리는 한 달 동안 임시 경찰서와 경찰관 활동을 해 보고 그래도 두 사람이 가진 문제가 해결되지 않을 때는 어머니께도 이 모든 사실을 알리고 다음 해결방법을 고민해 보는 것으로 결론 짓고 아이들에게 전달했다.

1주차 해결 과제는 두 사람이 스스로 조심해 보는 과정이었다. 그래도 경찰에 신고해야겠다는 생각이 드는 상대방의 행동이나 말은 체크리스트에 다섯 개만 적어서 신고할 수 있다는 규칙을 설명하고, 신고할 수 있는 개수가 정해져 있으니 신고 리스트 작성에 신중해야 한다고 안내도 했다. 신고 리스트 작성의 원칙인 '이런 일로 형(동생)을 경찰에 신고해도 될까?'를 충분히 고민한 후 작성하도록 하였다. 즉흥적으로 진행된 상담이라 아이들의 성향을 알고 있는 센터 내 상담선생님은 상담이 진행되는 동안 경찰서 개소와 사건 고발 체크리스트가 진행되는 것을 보고 너무 흥미진진하였다. 밖의 상황이 궁금해 직접 참관하고 싶었지만 아이들의 진지한 표정에 웃음을 참을 수 없을 것 같아 올 수 없었다며, 상담이 종료된 후 진행 과정에 대한 궁금증과 앞으로 경찰서 활동 운영계획에 대한 질문을 쏟아내었다.

2인 집단상담 1시간 30분을 진행하고 나니 몸은 피로하였으나 아이들의 적극적인 참여와 문제해결에 대한 진지한 태도에 힘든 줄 모르고 상담을 진행할 수 있었다.

아이들이 들고 간 1주차 활동 주제를 각자의 책상 앞에 붙이고 인증 샷을 보내는 것으로 어머니께 오늘 상담 상황을 전달하였고, '백양경찰서' 활동 프로젝트가 끝나는 동안 아이들에게 현재 상황에 관한 어떤 부분도 상황만 전달받고 무시해 달라는 부탁을 드렸다.

2주차 센터에 입장하는 아이들 표정이 달라졌다. 활동이 시작되면 서로 감추며 활동하던 행동이 사라졌고 1주일 활동에 대한 평가지를 제공하였는데 두 사람 모두 공통된 대답이 나왔다.

'첫째, 엄마한테 칭찬을 듣게 되었습니다. 둘째, 욕을 조심하게 됩니다. 셋째, 마음이 편안해졌습니다.' 다섯 개까지 표현 가능하다는 리스트에 아이 둘은 똑같은 대답을 적어 놓고 미소 지으며 서로를 바라보고 있었다. 활동 후 간단한 강화물로 간식을 제공하였는데 지금까지 두 아동은 식성이 달라 매번 다른 간식을 선택했다. 자신이 좋아하는 것을 선택하여 먹는데도 매번 감정이 상하곤 했다. 그래서 이번에는 각자 좋아하는 것을 먹는데 서로 의논하여 결정한다는 원칙을 제공하였다. 이죽이와 삐죽이는 오늘도 한 명은 떡볶이를, 한 명은 팥빙수를 선택했는데 '백양경찰서' 프로젝트 상담 활동 후 태도가 확연히 달라졌다. 두 녀석 중 한 명의 목소리가 들린다. "오늘은 내가 좋아하는 팥빙수를 먹고 너는 떡볶이를 먹자. 내일은 너는 떡볶이를 먹어. 나는 팥빙수를 먹을게." 매일 똑같은 결론인데 오늘은 서로 평온한 상태의 결론을 내렸다.

2주차 상담이 시작되었다. 미해결 과제 중 '나는 싫어요' 하나를 선택하여 그림으로 표현하라고 했다. 두 아동의 그림은 참 재미있게 표현해 놓았다. 형은 무슨 말이든 동생이 "에이, 거짓말." 이렇게 말하면서 자신의 말을 믿지 않는 것에 화가 난다고 말했고, 동생은 눈을 네 개 그려 눈동자를 가운데 찍은 눈과 정중앙을 벗어나 눈동자를 눈꺼풀 위에 바짝 붙여 그려 놓은 눈을 표현했다. 그림을 보고 무슨 의미인지 알아볼 수가 없어서 동생에게 그림을 설명해 보라고 했더니, 자기가 말을 하면 형이 눈을 동그랗게 뜨며 의심하는 표정을 짓거나 눈을 번뜩거리는 것을 시연해 보이며 이렇게 자신을 쳐다봐서 기분이 나쁘다고 표현했다. 2주차 금지 과제는 그림으로 표현하여 집에 붙여 두기로 했다.

3주차에 아이들은 나란히 웃으며 들어왔다. 아이들이 입장하고 아무런 예고 없이 '이런 것이 좋아졌어요'라는 제목으로 1주일 동안 변화가 있었거나 좋았던 것을 적어 보게 했다. 아이들의 체크리스트에서 공통된 내용은 "욕을 안 하게 되어 엄마한테 혼나지 않는다, 친구들이랑 안 싸우게 되었다, 속상한 일이 잘 안 일어난다, '멋지다'라는 말을 엄청 많이 해 준다. 기쁘다, 마음이 편안하다, 친해졌다, 싫은 말을 안 한다" 등을 표현하였다.

아이들과 4주차에 백양경찰서를 폐소할 것에 대한 계획을 토의했다. 경찰서가 계속 필요할지, 폐소 이후 지난번 같은 문제가 생겼을 때 해결할 방법 등에 대한 다양한 논의 후에 4주차 '백양경찰서'를 폐소하기로 결정했다. '도움이 필요해요' 체크리스트를 만들어서 경찰에 도움을 청할 사건과 부모님이나 선생님께 도움을 청할 사건을 분류해 보고, 경찰의 도움이 필요하다고 빨간 스티커를 붙인 사건은 하나하나 토의를 거쳐 문제나 상황의 대처방법을 알려 주고 빨간 스티커 대신 부모님과 선생님께 도움을 청한다는 의미의 동물 스티커로 교체하여 붙이는 작업을 하고 3주차 상담을 종료하였다.

아이들이 돌아간 후 어머니께 전화상담을 요청했다. 아이들이 하는 행동에 사실을 근거로 한 구체적인 칭찬을 지속적으로 해 줄 것을 부탁했고, 다음 주에 '백양경찰서' 단기 프로젝트 상담을 종료한다고 알려 드렸다.

3주차에 집으로 돌아간 아이들이 어머니께는 어떻게 하고 있는지 궁금하여 전화로 아이들의 행동과 말을 점검하였더니, 집에 돌아온 아이들이 "엄마, 우리가 싸우지 않아서 엄마도 행복해요?"라고 어머니께 질문을 했고, 어머니께서는 "너희들이 싸우지 않아서 엄마는 너무너무 행복하다."라고 말했다며 전화기 너머로 어머니의 즐거운 목소리가 전해졌다.

4주차, 드디어 '백양경찰서'의 폐소 날이 다가왔다.

두 녀석이 매번 따로 들어왔는데 이번에는 웃으며 나란히 들어왔다. "선생님, 오늘 뭐 하죠?"라는 아이들의 질문에 "응, 우리가 경찰서가 할 일이 없어지면 경찰서를 없애기로 했잖아. 오늘 드디어 경찰서 폐소식을 해. 먼저 식순을 읽어 보고 우리가 순서에 맞춰서 해 나가자."라고 대답했다. 치료사의 말에 연신 즐거워하며 활동에 참여했다.

오늘 어떤 순서로 진행된다는 것을 알리고 식순에 맞추어 진행했다. 1개월 동안 백양경찰서를 운영해 본 소감을 듣고 4주간 했던 것을 앞으로도 지킬 수 있도록 노력하겠다는 선서식과 약속하기 활동을 하고, 한 달 동안 경찰서 활동을 열심히 하여 '행복한 형제'가 되어 표창장을 수여한다고 설명하고 수여식 후 인증 샷 시간을 제공했다. 아이들은 다양한 포즈로 즐겁게 활동했다. 예정대로 4주간의 성공적인 활동으로 필요 없어진 '백양경찰서 표지판'을 아이들이 직접 찢는 놀이로 연결했다. 전 과정을 활동한 후 다과회를 준비하였는데, 둘이서 '무엇을 살 것인가'에 대한 목록표를 함께 작성하고 마트 투어를 무사히 마치고 돌아오는 것까지 종결 활동으로 진행했다. 두 사람이 좋아하는 것과 각자 좋아하는 것들로 나누어서 다과회 장보기도 잘 마무리하였다. 경찰서 활동이 마무리되었다고 아이들에게 알리니까 두 녀석 중 한 명이 "선생님, 다음 시간엔 뭐 하죠?"라고 질문했고, 나도 순간 당황하여 "글쎄?"라고 대답은 하였지만 다음 주 이어 갈 상담 프로그램이 고민이다. "선생님이 다음 주에 재미있는 활동을 계획해 놓을게. 단! 수업 마치고 두 사람이 같이 버스를 타든 걸어오든 같은 방법으로 와야 한다!"라는 나의 조건에 "네, 선생님." 하며 대답하더니 둘이서 뭐라 속닥이며 센터 문을 열고 나갔다. 4주 '프로젝트 상담'을 진행하는 동안 아이들도 매번 기대하고 센터에 들어오지만 진행자로서도 매 회기 아이들의 변화가 기대되었고 3학년까지 습관화된 말과 행동이 한 주 한 주 수정되는 것을 아이들을 통해 들을 때마다 아이들의 신비한 능력에 감탄한다.

*이 글은 2018년 11월 부산지역사회서비스 제공인력 수기공모전에서

우수작으로 당선된 대표저자 박차숙의 글이다.

백양경찰서 프로젝트 상담 활동사례

백양경찰서 로고 만들기

1주차
욕하기 금지

1주차 목표 정하기

1주차 목표를 책상에 붙여 놓고 인증 샷! 선생님께 전송하기

삐죽이의 2주차 목표 책상에 붙여 놓고 인증 샷! 선생님께 전송하기. 눈을 흘기거나 눈을 크게 떴다가 껌벅이며 표정으로 놀리는 것 금지 표지 만들어 붙이기

이죽이의 2주차 목표를 책상에 붙여 놓고 인증 샷! 선생님께 전송하기. 이죽이는 삐죽이가 자신의 말을 믿어 주지 않는 것이 속상하고 말을 하면 거짓말이라고 한다며 속상해하여 자신이 직접 보지 않은 것은 말하지 않겠다는 것을 그림으로 표현한 것

이죽이와 삐죽이가 1주일 동안 상대방이 수정하지 않은 행동에 대해 속상했던 행동이나 말을 고발을 접수받는 놀이 상황. 포스트잇에 글로 접수받아 그림으로 표현하기 활동을 연결하였음

게임을 활용한 여러 가지 활동이
자신을 놀리거나 괴롭히는 것이
아니라는 상황 경험하기 활동

"이런 일이 생기면 누구에게 부탁할까요?"라는 제목으로 활동한 자료. 경찰의 도움이 필요할 때는 빨간 스티커를, 부모님이나 선생님께 도움을 청할 일은 곤충 스티커를 붙이게 함

경찰의 도움을 받겠다고 빨간 스티커를 붙인 어려움에 대해 이야기 나누기 한 후 그렇다면 누구에게 먼저 도움을 청하면 되는지 문제에 대한 이해 활동 후 스티커 옮겨 붙이기 활동

모든 게임이나 활동에서 자신이 졌을 때 화를 내거나 활동을 거부했는데 "백양경찰서" 단기 프로젝트 상담 활동 후 놀림이 될 수 있는 활동을 자연스럽게 수행할 수 있게 됨

표창장 전달식

표창장 만들기

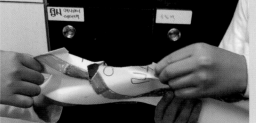

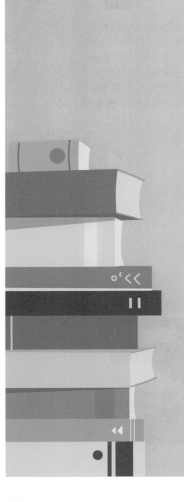

Using
Traditional
Fairy Tale

Fairy
Tale
Therapy

2 부

다양한 방법을 활용한 동화치료

Using traditional fairy tale

Fairy Tale Therapy

제3장

창작동화 만들기를 활용한 동화치료

1. 창작동화 만들기 과정
2. 동화치료 활동의 여러 가지 기법
3. 콜라주 창작동화 만들기
4. 동화 만들기를 활용한 동화치료 사례

7. 창작동화 만들기 과정

- 동화 만들기 규칙 및 과정
  - "옛날 옛날에……"를 넣어서 동화를 시작한다.
  - 이야기의 결말을 해피엔딩으로 마무리한다.
  - 동화 속 등장인물에 자신이 등장시킨다.
- 동화 만들기 과정 계획하기
- 제목 정하기
- 주인공 및 등장인물 설정
- 이야기의 줄거리 만들기(발단, 전개, 위기, 절정, 결말)
- 구체적 내용 만들기
- 장면과 문단 나누기
- 콘티 짜기
- 글의 내용에 맞는 장면 표현
- 편집 및 완성하기

2. 동화치료 활동의 여러 가지 기법

- 동화 표지 바꾸기
  - 동화를 읽고 자신이 감동받은 부분이나 기억나는 장면을 표지로 바꾸어 만들어 활동한다.
  - 자신이 이해한 동화의 새로운 이미지를 표지로 재구성하여 활동한다.
- 동화 이어쓰기
  - 동화가 끝난 부분부터 스토리를 연결하여 글쓰기 활동을 한다.
  - 동화가 끝난 부분부터 반전의 스토리를 구성하는 활동을 한다.
- 인형극
  - 동화에 나오는 등장인물을 종이인형으로 만들어 인형극놀이를 함으로써 자신감을 향상시킨다.
  - 등장인물을 점토로 만들어 점토인형극을 통하여 긍정 표현과 부정 표현을 하는 활동을 한다.
- 동화 제목 바꾸기
  - 동화의 내용을 토대로 재미있는 제목으로 바꾸어 표현하는 활동을 한다.
  - 원 제목과 새로 바꾼 제목에 대한 느낌을 나누고 동화의 제목에 대한 다양한 접근을 시도한다.
- 내가 만약 주인공이라면……
  - If 상황으로 내가 만약 동화의 주인공이라면 어떤 생각을 할까 또는 이 상황을 어떻게 해결해 나갈까 하는 문제해결의 접근과 방법으로 활동하기에 용이하다.
- 역할극(긍정적 · 부정적 표현)
  - 상황에 따른 긍정적 · 부정적 표현에 유연할 수 있도록 경험한다.

● 여기 바꾸고 싶어요!

　– 동화 내용 중 바꾸고 싶은 한 부분을 찾아 내용을 더하고 빼는 활동이다.

　– 내용을 바꾼 이유와 바꾸고 나서 마음에 드는 부분에 대해 이야기를 나누는 활동이다.

● 12컷 요약 그림 동화

　– 동화 내용을 12컷으로 요약하여 그림으로 표현한다.

　– 두 장면을 한 장의 그림에 요약하여 표현한다.

　– 한 장면을 한 문장으로 요약하여 표현한다.

3. 콜라주 창작동화 만들기

- 등장인물과 주인공 찾기
  - 잡지에서 마음에 드는 동물이나 인물을 오려서 A4용지에 붙인다.
  - 등장인물 중 주인공을 선택한다.
  - 자신이 뽑은 등장인물에 대해 성격과 특징을 설명하는 활동을 연결한다.
- 배경 만들기
  - 폐학습지에서 이야기의 배경이 되는 그림을 오려서 A4용지에 붙인다.
- 사건의 발단, 전개, 위기 만들기
  - A4용지에 동화 이야기의 발단, 전개, 위기로 이루어진 대충의 줄거리를 만든다.
- 사건의 절정, 결말 만들기
  - 사건의 정절과 결말로 이루어진 대충의 줄거리를 만든다.
- 사건의 발단, 전개, 위기, 절정, 결말 구체적으로 만들기
  - 대충의 줄거리에 구체적 이야기를 만든다.
- 동화 제목 만들기
  - 이야기를 만든 후 제목 만들기를 한다.
  - 처음 시작 시 제목 만들기를 해도 무방하다.
- 장면 그리기와 이야기 정리(콘티 짜기 및 장면 표현)
  - 동화 내용과 그림 장면을 나누는 콘티 짜기 과정을 진행한다.
  - 동화 내용에 맞는 그림을 완성한다.
- 그림 편집 및 완성
  - 완성된 그림과 글의 위치 등을 편집한 후 완성한다.

4. 동화 만들기를 활용한 동화치료 사례

 동화 만들기를 활용한 동화치료 사례 1

- 제목: 착한 친구 폴짝이와 박승리(아동 창작동화: 콜라주)
- 준비물: 폐학습지, 가위, 풀, 색연필, 크레파스, 화지
- 목표 및 기대효과
  – 작품 완성을 통한 자신감 향상
- 지시어: 폐학습지를 오려서 주인공과 등장인물을 정하고 배경을 만들어 동화를 만들어 보세요.
- 활동순서
  – 만들기 과정 계획하기
  – 동화 만들기에 필요한 규칙 만들기
  – 콜라주 동화 만들기 과정을 참고로 활동하기
  – 동화 완성 후 돌려가며 읽기
  – 동화 친구야, 도와줘!(친구의 의견 들어보기)
  – 자신이 만든 동화를 읽어 보고 느낌에 대해 나누기

● 활동사례 살펴보기

① 넓은 축구장에서 빵빵이가 공을 차고 있었어요.

② 수영이가 지나가다가 공에 맞았습니다.

③ 빵빵이는 수영이가 화낼까 봐 무서웠습니다.

④ 그런데 폴짝이와 박승리가 수영이에게 다가갔습니다.

⑤ 빵빵이는 먼저 도와주지 못해 부끄러웠습니다.

⑥ 그 모습을 지켜보던 폴짝이 엄마와 아빠는 폴쭉이가 폴짝이와 박승리에게 칭찬 박수를 쳤습니다.

❼ 그러자 빵빵이가 "미안해. 일부러 그런게 아니었어."라고 말했어요.

❽ 옆에 있던 수영이가 "괜찮아. 같이 놀자~" 라고 아기처럼 말했어요.

❾ 수영이의 말에 웃음바다가 되었답니다.

● 상담사례 질문기법

- 동화 만들기 중 가장 어려운 부분은 무엇이었나요?

- 동화 만들기 중 가장 재미있었던 부분은 무엇인가요?

- 주인공은 마음에 드나요?

- 마음에 드는 등장인물은 누구인가요?

- 이야기의 배경이 마음에 드나요?

- 박승리는 친구 중 누구를 닮았나요?

- 박승리의 엄마, 아빠는 박승리의 행동을 보고 어떤 생각이 들까요?

- 박승리는 몇 살인가요?

- 동물의 동작이 마음에 들지 않아 부분 그림으로 그렸을 때 느낌은 어떤가요?

● 활동 후 질문 만들기

1

2

3

4

5

🌈 동화 만들기를 활용한 동화치료 사례 2

- 제목: 동화 만들기(나는 튼튼한 나무 자동차)
- 준비물: 화지, 색연필, 가위, 풀
- 목표 및 기대효과
  - 동화책 만들기의 여러 과정을 수행하고 완성을 통한 자신감 향상
- 지시어: 동화 만들기 과정을 참고로 재미있는 이야기를 만들어 보세요.
- 활동순서
  - 동화 만들기의 방법 설명하기
  - 동화 만들기 계획하기
  - 동화 만들기의 기본 규칙 정하기(규칙이 있을 시)

– 동화 완성 후 돌려 보기

– 활동 후에 이야기 나누기

● 활동사례 살펴보기

거북이 자동차는 친구들에게 오해를 받아요. 길에서 연두색 바나나 자동차를 만났어요. "야, 거북이 자동차야, 너 나보다 빨리 달릴 수 있어?" 바나나 자동차의 말에 거북이 자동차는 자신 없어 "글쎄……"라며 말에 대답을 잘 못했어요.

거북이 자동차는 길을 가다 로보카를 만났어요. "거북이 자동차야, 너 나보다 빨라?" "글쎄……" 거북이 자동차는 또 대답을 못 했어요. 자신이 빠르게 달리지 못하는 것을 알고 있었으니까요.

거북이 자동차는 혼자서 생각했습니다. '나는 진짜 달리기를 못하는가 봐.'

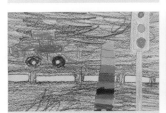

그런데 길에서 키가 큰 나무 자동차를 만났어요. 이번에는 거북이 자동차가 먼저 물었어요. "나무자동차야, 너 나보다 빨라?" "아니, 나 키가 커서 넘어질까 봐 너보다 느리게 달려. 그런데 나는 너보다 멀리 볼 수 있어서 느려도 괜찮아."

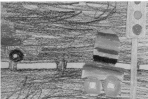

나무자동차의 말을 듣고 한참을 생각했어요. 그런데 로보카를 다시 만났어요. 로보카는 거북이 자동차를 놀렸어요. "야 너 그렇게 느려서 언제 집에 갈래?" 거북이 자동차는 로보카에게 말했어요.

"응…… 나 느리지만 튼튼해." 거북이 자동차의 말에 로보카는 미안해하며 얼른 다른 곳으로 달려갔어요. 거북이 자동차는 자기가 튼튼하다는 것을 알고 나니 부끄럽지 않게 되었답니다.

● 상담사례 질문기법

- 동화 만들기 과정에서 가장 어려운 것은 무엇이었나요?

- 거북이 자동차는 누구와 닮았나요?

- 내 친구 중에 로보카를 닮은 친구가 있나요?

- 동화 만들기 과정에서 가장 재미있었던 것은 무엇인가요?

- 등장인물 중 누가 가장 마음에 드나요?

- 등장인물 중 자신감이 있는 친구는 누구인가요?

- 동화책을 직접 만들고 나서 다른 사람이 만든 동화책을 읽고 어떤 생각이 드나요?

- 나무 자동차는 누구와 닮았나요?

- 나무 자동차의 장점은 무엇일까요?

- 나무 자동차는 자신감이 생기고 나서 무엇을 해 보고 싶었을까요?

- 나무 자동차는 이제부터 친구가 놀리면 어떻게 말할까요?

● 활동 후 질문 만들기

1

2

3

4

5

제4장

동화만다라를
활용한 동화치료

1. 만다라의 이해

 만다라 상징의 의미

- 원과 우주로 상징하며 부족함이 없이 갖추어진 것을 의미한다.
- 의식과 무의식이 통합을 이루며 형태에 상징적 의미를 부여하여 자신의 내면을 표현한다.

 만다라의 표현방법

- 중심으로부터 내면을 표현한다.
- 바깥 원에서 중심으로 나아간다.
- 방향을 설정하여 표현한다.
- 형식을 벗어나 자유롭게 표현한다.
- 원이나 네모를 중심으로 자신의 심상을 표현한다.

✽이 장은 『만다라 미술치료 이론과 실제』(정여주, 2013)를 참고하였다.

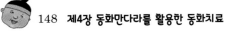 만다라 표현에 따른 효과

- 무의식의 트라우마를 의식화하여 표현하고 치료적으로 접근할 수 있다.
- 현재의 상황을 상징적 표현을 통하여 접근할 수 있다.
- 내담자의 심리 정서에 안정감을 제공할 수 있다.

2. 동화만다라 활동기법

장면 표현하기

- 동화를 읽고 동화의 내용 중 마음에 드는 장면을 표현한다.
- 동화를 읽고 동화 내용 전체를 한 화면에 표현한다.
- 동화를 읽고 동화 내용에 추가하고 싶은 장면을 표현한다.

다양한 재료를 활용한 심리 표현 활동

- 점토를 활용한 활동: 클레이, 천사점토, 지점토 등을 표현 활동에 사용한다.
- 종이 조형을 활용한 활동: 다양한 색을 활용하여 찢고 자르고 오려서 표현한다.
- 채색 도구: 물감, 크레파스, 색연필, 사인펜 등을 활용한다.

범주별 주제 활동

- 동화 내용 중 핵심 주제를 교사가 제시하여 활동한다.
- 동화 내용 중 내담자가 주제를 찾아 활동한다.
- 내담자의 현재 상황과 연관성 있는 주제를 정하여 활동한다.

창작동화 만다라 활동

- 9칸 만다라 창작동화: 어린 아동을 대상으로 한 간단하고 짧은 동화 만들기를 한다.

● 12칸 만다라 창작동화: 발달단계별 · 대상별 장면 구성을 늘인다.

✎ If 상황 만다라

● 만약에 주인공이라면: 상황 질문으로 만다라를 표현한다.
● '내가 만약' 상황이 주어졌다면: 상황 질문으로 만다라를 완성한다.

🍃 만다라 작품을 통한 여러 가지 활동

● 장면을 표현한 작품을 보고 이야기 나누기를 한다.
● 다양한 접근의 질문으로 내담자의 무의식을 의식화한다.
● 트라우마로 남아 있는 부분을 긍정 활동으로 연결한다.
● 자유만다라와 문양만다라
  – 자유만다라: 원안에 자유롭게 다양한 감정을 표현할 수 있다.
  – 문양만다라: 만다라 표현에 대한 부담을 줄일 수 있다.

3. 전래동화를 활용한 동화만다라

- 예전부터 알고 있었던 익숙한 이야기의 전개로 흥미로운 참여가 가능하다.
- 이야기의 내용을 알고 있어서 자신 있게 활동에 참여하고 질문에 부담 없이 대답하며 재미를 경험한다.
- 이야기 속에 자신의 현재 고민을 투사하여 표현하기에 용이하다.

4. 동화만다라를 활용한 동화치료 사례

 동화만다라를 활용한 동화치료 사례 1

- 제목: 나무도형 만다라(콩쥐팥쥐)
- 준비물: 네모 색화지(2절지). 나무도형, 콩쥐팥쥐 동화책
- 목표 및 기대효과
    - 질문에 따른 활동으로 무의식의 의식화
    - 무의식에 있던 자신의 트라우마 의식화하여 극복하기
- 지시어: 선생님의 질문에 따라 나무도형으로 표현해 보세요.
- 활동순서
    - 동화 구연
    - 동화 내용에 대해 이야기 나누기
    - 만다라에 대해 이야기 나누기
    - 도형으로 질문에 따라 표현 활동을 하기
    - 질문으로 내담자의 무의식 의식화하기
    - 활동 후에 이야기 나누기

소심이의 트라우마

　10개월 전 겨울에 학교에서 내담자 아동 소심이의 담임선생님은 수업에 사용하고 남은 부채를 그날 조용히 있었던 사람에게 상품으로 줄 것을 제안하였다. 그리고 아이들에게 자기 스스로 조용히 있었다고 생각하는 사람은 손을 들라고 말하고, 손을 든 아이들 중 가위바위보 게임을 하여 이긴 사람 한 명에게 부채를 주겠다고 말하였다.

　소심이도 손을 들었고 게임에서 1등을 하여 부채를 상품으로 받았다. 소심이가 상품을 받고 나니 반 아이 몇몇이 "너 조용히 안 했잖아. 너 시끄러웠는데……." 등 수군거렸고, 그 말을 듣고 아니라고 말하다 결국은 선생님이 주신 상품 부채를 불평하는 아이들 중 한 명에게 주게 되었다. 집으로 돌아오던 중 반 친구가 자기 엄마와 전화 통화하는 내용을 듣게 되었다. "엄마, 소심이는 양심이 없어. 시끄러웠는데 자기는 시끄럽지 않았다고 하고 손을 들었어." 친구의 전화 통화 내용을 듣고 속상해서 집으로 돌아와 어머니에게 속상하다며 울었다. 아무리 아니라고 해도 친구들이 믿지 않는다고 설명하고 어머니 주위 지인들에게 그동안의 속상함을 자문하게 되었다. 어머니는 아동이 너무 속상해한다며 이 문제가 해결되지 않으면 학폭위를 열 것이라고 담임선생님께 전화를 한 상황에서 상담을 요청하였다.

● 활동사례 살펴보기

콩쥐팥쥐 내용에서 콩쥐 아버지의 부재에 대한 표현
콩쥐의 새엄마 표현

질문: 콩쥐 가족이 행복해지는 방법은 무엇일까요?
대답: 팥쥐 엄마가 착한 사람이면 행복해져요.

질문: 콩쥐 가족이 행복해지기 위해 어느 부분부터 각색하면 좋을까요?
대답: 콩쥐 아버지가 새엄마를 신중히 알아봤어야 했어요. 마음이 착한지, 나쁜 짓을 안 하는지 등 처음부터 좀 시간이 걸리더라도 착한 사람을 만나는 장면부터 다시 이야기를 쓰면 돼요.

질문: 내 경험 중 나에게 가장 큰 변화가 있었던 것은 무엇인가요?
대답: 예전에 부채 사건요. 그때는 제가 좀 속상했지요. 그런데 괜찮아요. 지금은 좋아요. 그리고 1학년 때 큐브 던져서 숫자가 10이 되면 좋은 길로 갈 수 있는 게임을 했는데 내가 6을 던지고 4를 던져서 10이 되었어요. 그런데 6을 갈 때는 가만히 있더니 4가 나오니까 6 던질 때 못 봤다고 친구들이 억지를 썼어요. 그때 억울했어요. 그때는 어려서 친구들한테 말을 못했어요.

질문: 나에게 억울한 일이 생겼을 때 어떻게 표현하면 될까요?
대답: 당당하게 말해요. 목소리도 크게 말하고요.

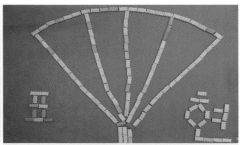

자신이 변화의 계기가 되었던 부채 사건 표현

질문: 팥쥐 엄마가 착한 사람이었다면 콩쥐네 가족은 어떻게 지냈을까요?
대답: 콩쥐가 밭매기를 안 해도 되고 독에 물을 채우지 않아도 되고 잔칫집에 같이 갈 수 있었겠죠.

질문: 콩쥐 가족 중 누구에게 큰 변화를 주면 좋을까요?
대답: 콩쥐의 새엄마요. 착한 사람인 콩쥐의 새엄마는 팥쥐랑 똑같이 키울 걸요. 팥쥐가 좀 질투할 것 같아요. 콩쥐랑 똑같이 좋아하면요.

질문: 나의 경험에 대한 지금의 내 생각은 어떤가요?
대답: 지금이면 아이들이 제가 거짓말하는 것처럼 말할 때 아니라고 자신 있게 말할 수 있을 것 같아요. 그리고 이제는 그런 말을 해도 아무렇지 않아요.

질문: 지금의 나라면 그때의 상황에 어떤 말을 할 것 같은가요?
대답: • 야, 똑바로 봐.
 • 덧셈 못하나?
 • 내가 처음 할 때부터 잘 봤어야지.
 • 나 너보다 조용했거든.
 • 너네 상품에 질투 나서 그러지.
 • 상품을 받았으니 그것쯤이야 뭐.
   이렇게 말할 수 있겠어요.

● 상담사례 질문기법

– 동화 내용 중 가장 마음에 드는 장면은 무엇인가요?

– 요약 장면을 보고 이야기하기를 했을 때 불편한 것은 무엇인가요?

– 콩쥐팥쥐 가족이 행복해지는 방법은 무엇일까요?

– 팥쥐 엄마가 착한 사람이었다면 콩쥐네 가족은 어떻게 지냈을까요?

– 콩쥐 가족이 행복해지게 하려면 동화의 어느 부분부터 각색할까요?

– 각색에서 콩쥐 가족 중 누구에게 큰 변화를 줄까요?

– 내 경험 중 나에게 가장 큰 변화가 있었던 것은 무엇인가요?

– 나의 경험에 대한 지금의 내 생각은 어떤가요?

– 나에게 억울한 일이 생겼을 때 어떻게 표현하면 될까요?

– 지금의 나라면 그때의 상황에 어떻게 말했을 것 같은가요?

– 활동 중 가장 재미있는 것은 무엇인가요?

● 활동 후 질문 만들기

1

2

3

4

5

🌈 동화만다라를 활용한 동화치료 사례 2

- 제목: 무지개점토 만다라(콩쥐팥쥐)
- 준비물: 흑화지, 무지개점토, 콩쥐팥쥐 동화책
- 목표 및 기대효과
  - 아동의 감정 알아보기
  - 흥미로운 활동으로 재미 경험하기
- 지시어: 콩쥐가 필요한 것과 팥쥐가 필요한 것을 점토 그림으로 표현해 보세요.
- 활동순서
  - 동화 구연
  - 동화 내용에 대해 이야기 나누기
  - 만다라에 대해 이야기 나누기
  - 무지개 점토 사용방법 알아보기
  - 콩쥐가 필요한 것과 팥쥐가 필요한 것을 점토로 표현하기
  - 활동 후에 이야기 나누기

● 활동사례 살펴보기

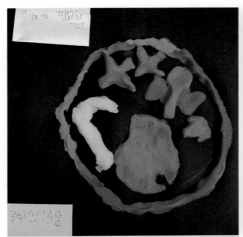 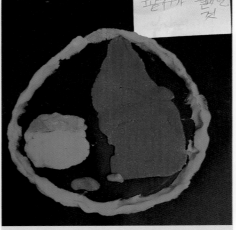

콩쥐가 필요한 것	팥쥐가 필요한 것
호미, 항아리, 두꺼비, 참새, 콩쥐가 일하고 나서 먹을 간식, 사탕	집, 밥, 간식으로 콩 두 개(일을 안 해서 사탕을 안 준다고 표현)

질문: 나는 집에서 콩쥐와 같이 억울한 일을 경험한 적이 있나요?

대답: 엄마는 언니와 공평하게 맛있는 걸 줘요. 그래서 억울한 적 없어요.

질문: 콩쥐가 밭일하러 가는 시간이 나에게는 현실에서 무엇을 하는 시간인가요?

대답: 나는 학교 갈 시간이에요.

질문: 콩쥐와 팥쥐를 사이좋게 할 방법은 무엇일까요?

대답: 새엄마가 착한 사람이 아니면 팥쥐도 나빠서 방법이 없어요.

질문: 팥쥐에게 일을 시키면 뭐라고 말할까요?

대답: "에잇, 나 안 해." 그러겠죠.

● 상담사례 질문기법

- 무지개 점토의 촉감은 어떤가요?

- 무지개 점토의 촉감과 같은 느낌이 드는 것은 무엇이 있을까요?

- 콩쥐는 혼자 일할 때 어떤 생각이 들까요?

- 나는 집에서 콩쥐와 같이 억울한 일을 경험한 적이 있나요?

– 깨진 항아리를 고치는 방법은 어떤 것이 있을까요?

– 콩쥐와 팥쥐를 사이좋게 할 방법은 무엇일까요?

– 콩쥐가 밭일하러 가는 시간은 나에게는 현실에서 무엇을 하는 시간인가요?

– 내가 콩쥐라면 새엄마가 밭일을 시킬 때 어떤 말을 했을까요?

– 팥쥐에게 일을 시키면 뭐라고 말할까요?

● 활동 후 질문 만들기

제5장

코딩을 활용한
동화치료

1. 코딩

 코딩(coding)이란

- 컴퓨터 프로그래밍의 초기 단계이다.
- 프로그램을 만들기 위한 명령어를 만드는 것이다.

 코딩의 종류

- 언플러그드 코딩: 창의적 사고를 확장하는 컴퓨터 없이 로봇, 퍼즐, 카드 게임을 하는 코딩수업이다.
- 피지컬 컴퓨팅: 직접 손으로 만질 수 있는 로봇이나 블록회로를 통해 배우는 코딩학습이다.
- 소프트웨어 코딩: 교육용 소프트웨어 프로그램으로 스크래치와 엔트리가 있다.

코딩교육의 필요성

- 컴퓨터적인 논리적이고 체계적인 사고가 절대적으로 필요하다.
- 단순한 소프트웨어 사용방법이 아닌 컴퓨터 능력을 통합한 사고력 강화에 목표를 두고 있다.
- 소프트웨어의 이해로 창의적이고 다양한 문제해결력이 강화된다.
- 논리력을 증진시키고 확장적 사고를 증진시킨다.

2. 아동 발달에 영향을 미치는 코딩 활동의 장점

- 다양한 놀이 활동으로 문제해결력이 향상된다.
- 순차적 처리 과정을 이해할 수 있다.
- 컴퓨터 없이 컴퓨터의 원리를 활용할 수 있다.
- 다양한 영역을 통하여 사회성과 또래관계 문제에 대한 유연한 대처를 경험한다.
- 코딩 활동이 아동이 많이 접하는 컴퓨터 게임을 만드는 작업으로 접근하므로 재미있는 활동으로 학습의 동기를 부여하기도 한다.
- 게임 만들기와 게임 실행 과정의 놀이로 흥미 유발이 가능하다.

3. 코딩을 활용한 치료 과정

- 활동 주제, 목표 정하기
  - 구조화된 프로그램으로 회기별로 활동할 주제와 목표를 설정한다.
- 작품 활동순서 계획하기
  - 어떤 활동을 먼저 할 것인가를 계획한다.
- 그리기 및 다양한 활동
  - 그리기, 만들기, 표현하기 등 다양한 활동으로 확장시킨다.
- 그림이나 작품을 글로 표현하기
  - 활동이 처음 계획한 것과 같은지, 활동하면서 바뀐 것은 있는지 등에 대해 작품 활동 후 글로 표현하는 활동을 프로그램에 넣어 활동한다.
- 활동 과정 기록하기(활동의 변화)
  - 활동 과정에서 디버깅을 어떻게 해결했는지 문제해결 과정을 자세하게 기록한다.
  - 자신의 해결 과정을 객관적으로 관찰할 수 있다.
- 활동 과정의 문제 발견
  - 활동 중에 문제를 발견하면 기록하고 문제해결 방법을 연구하고 해결해 나간다.
- 활동 후에 이야기 나누기
  - 활동 중 어려웠던 부분이나 재미있었던 부분에 대해 이야기 나누기로 자신의 느낌이나 경험을 노출하게 한다.

4. 코딩을 활용한 행동수정

 코딩을 활용한 행동수정의 과정

- 활동 주제 정하기
  - 아동이 좋아하는 이야기를 활동 주제로 선택한다.
  - 자신이 흥미로운 주제는 활동에 적극적으로 참여한다.
- 자신의 현재 문제가 드러나도록 활동 계획하기
  - 흥미로운 활동일수록 문제행동이 자연스럽게 표출된다.
  - 문제상황을 의도적으로 제공하여 해결 과정을 경험하게 한다.
- 규칙 정하기
  - 활동 중 자신이 지켜야 할 규칙을 정한다.
  - 프로그램을 만들 때 실패 시 재도전 횟수, 표현언어 사용 범위 등을 정한다.
- 문제행동의 발현과 수정
  - 문제행동이 표현되었을 때 대체 행동으로 수정한다.
  - 활동 시 미션 행동을 제공한다.
- 규칙을 기준으로 한 문제행동수정
  - 한 번에 하나씩 수정한다.
  - 한 번에 수정하기가 어려울 경우 대체할 약속행동을 미리 계획한다.
- 활동 과정에서의 심리, 행동의 변화관찰 기록
  - 현재 문제행동과 수정행동을 관찰 기록한다.
- 활동 후에 이야기 나누기
  - 문제행동을 수정하고 나서 칭찬과 격려 후 자신의 달라진 행동에 대한 느낌은 어떤지 이야기 나누기를 한다.

🌈 코딩을 활용한 치료 활동의 장점

- 문제행동에 대한 해결을 위해 스스로 노력한다.
  - 컴퓨터 프로그램으로 활동 시 잘못된 부분이 있을 때 컴퓨터의 되돌아가기 기능이나 복구 기능으로 자신이 활동한 그림이 삭제되지 않는다는 것을 알고 나면 다음 활동에서 문제가 되풀이되었을 때 유연하게 극복한다.
- 다양한 언플러그드 활동을 통해 흥미와 재미를 준다.
  - 코딩 로봇의 다양한 기능을 활용하여 흥미롭고 재미있는 가운데 활동을 적극적으로 하게 된다.
- 흥미로운 가운데 규칙을 제안하고 행동을 수정한다.
  - 자신이 흥미롭고 재미있는 상황을 유지하기 위해 교사의 규칙과 제안을 아동이 잘 받아들인다.
- 교과목과 연결되어 학습발달에 영향을 준다.
  - 치료적 목적으로 활용하는 것도 물론이고, 코딩 활동은 교과목으로도 선정되어 교육과 다양한 영역의 발달에도 영향을 미친다.
- 흥미로운 활동으로 제한 설정이 용이하다.
  - 재미있는 활동 시 활동을 유지하기 위해 제한과 규칙을 잘 수행한다.

5. 스크래치 프로그램의 활용

- 'www.Scratch.mit.edu'를 입력하여 스크래치 홈페이지를 방문한다.
- 홈페이지 하단에 지원하기 하위영역에 오프라인 에디터를 선택한다.
- Install Scratch Desktop에서 Download Scratch Desktop을 클릭하여 내려받고 설치하여 실행한다.

6. 코딩을 활용한 동화치료 사례

 코딩을 활용한 동화치료 사례 1(언플러그드)

- 제목: 동화 이야기 길 표현하기
- 준비물: 오조봇, 화지, 색종이, 풀
- 목표 및 기대효과
  - 자신의 이야기를 설명하는 경험을 통하여 자신감 향상
  - 작품 완성을 통해 성취감 경험
- 지시어: 오조봇이 지나가는 동안 이야기를 할 수 있도록 동화 장면을 요약하여 만들어 보세요.
- 활동순서
  - 동화 내용에 대해 이야기 나누기
  - 동화 내용을 10컷으로 요약하여 그리기
  - 화지에 선을 그려 동화 요약 장면을 선 주위에 붙이기
  - 오조봇이 지나갈 때 동화 요약 장면을 보고 이야기 나누기
  - 활동 후에 이야기 나누기
- 활동사례 살펴보기

오조봇이 지나갈 때 종이픗말을 보고 이야기를 한다.

오조봇의 속도 명령어를 사용하여 이야기가 끝나는 시간을 조절한다.

그림 이미지를 보고 로봇이 지나갈 때 줄거리 이야기를 한다.

● 상담사례 질문기법

- 동화 내용 중 가장 마음에 드는 장면은 무엇인가요?

- 요약 장면을 보고 이야기하기를 했을 때 불편한 것은 무엇인가요?

- 동화 요약 시 어려운 점은 무엇인가요?

- 이야기의 주인공을 바꾸면 어떻게 되었을까요?

- 활동 중 가장 재미있는 것은 무엇인가요?

- 동화 이야기를 책을 보고 읽을 때와 로봇이 지나가는 동안 이야기했을 때 무엇이 다른가요?

- 표현이 어려웠던 부분은 어디인가요?

● 활동 후 질문 만들기

1

2

3

4

5

🌈 코딩을 활용한 동화치료 사례 2(언플러그드)

● 제목: 주인공이 다닌 길 표현하기
● 준비물: 컬러점토, 화지, 색종이, 풀
● 목표 및 기대효과
  – 오늘 일과를 표현해 보고 현재 어려움의 해결방법 알아보기
● 지시어: 감정모자로 오늘 만난 감정을 표현해 보세요.
● 활동순서
  – 동화 내용에 대해 이야기 나누기
  – 동화의 주인공이 한 일에 대해 이야기 나누기
  – 오늘 내가 한 일에 대해 이야기 나누기
  – 점토로 여러 가지 감정모자를 만들기
  – 오늘 다닌 길을 펜으로 그려서 오늘 자신이 들렀던 곳을 표시하기
  – 자신이 들렀던 곳에서 만난 감정을 감정모자로 표현하기
  – 활동 후에 이야기 나누기

● 활동사례 살펴보기

여러 가지 감정모자를 만들었고 자신이 많이 사용하는 표정은 웃고 있는 감정모자로 표현

오늘 다닌 길을 펜으로 그린 후 오늘 자신이 진짜 힘든 하루라고 표현

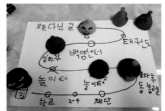

감정모자를 세워 놓고 보니 어느 지점에서 그 감정을 사용하지 않아도 되었던 것 같다고 표현

● 상담사례 질문기법

- 오늘 가장 힘든 곳은 어디인가요?

- 가장 재미있었던 곳은 어디인가요?

- 자신이 많이 사용하는 감정모자는 무엇인가요?

- 평소에 사용할 감정모자는 무엇인가요?

- 친구에게 많이 사용할 감정모자는 무엇이 좋을까요?

- 가장 마음에 드는 감정모자는 어느 것인가요?

- 오늘 만난 감정 중 마음에 드는 것은 무엇인가요?

- 감정모자를 하나 더 추가한다면 어떤 감정모자를 만들고 싶은가요?

● 활동 후 질문 만들기

1

2

3

4

5

🗒 코딩을 활용한 동화치료 사례 3(Scratch Older Versions)

- 제목: 스크래치 프로그램으로 동화 이야기 나누기 만들기(콩쥐팥쥐)
- 준비물: 컴퓨터, 컴퓨터 프로그램(스크래치)
- 목표 및 기대효과
  - 동화 읽기 후 이야기를 이해하고 스프라이트 두 명이 동화를 이야기하는 것을 코딩해 보고 문제를 해결하는 활동을 통해 자신감이 향상된다.
- 지시어: 스크래치 프로그램으로 두 개의 스프라이트 중 한 명이 콩쥐와 팥쥐 동화 이야기를 해 주고 있는 것을 코딩해 보세요.
- 활동순서
  - 동화 이야기 듣기
  - 동화 내용에 대해 이야기 나누기
  - 이야기 내용 주고받기 활동으로 이야기 전체 이해하기
  - 스크래치 프로그램의 활용방법 알기
  - 스크래치 프로그램을 활용하여 두 개의 스프라이트를 불러와 이야기해 주는 대화 프로그램 만들기
  - 내가 만든 스크래치 이야기 실행하기
  - 스크래치 프로그램의 문제점 발견하기와 해결하기
  - 활동 후에 이야기 나누기

● 활동사례 살펴보기

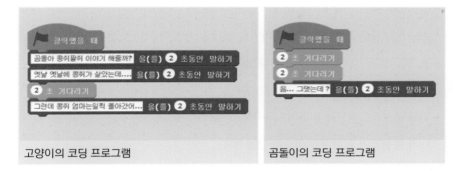

고양이의 코딩 프로그램   곰돌이의 코딩 프로그램

야옹이: 곰돌아, 콩쥐팥쥐 이야기해 줄까?   야옹이: 옛날 옛날에 콩쥐가 살았는데…….

곰돌이: 응, 그랬는데?   야옹이: 그런데 콩쥐 엄마는 일찍 돌아갔어…….

● 상담사례 질문기법

  – 고양이는 평소에 곰돌이를 어떻게 놀렸을까요?

  – 스크래치 프로그램으로 옛날 이야기를 했을 때 무엇이 재미있었나요?

  – 스프라이트로 이야기를 했을 때 무엇이 어려웠나요?

  – 두 개의 스프라이트가 이야기할 때 불편한 점은 무엇인가요?

  – 컴퓨터 프로그램으로 이야기 나누기를 만들 때 가장 어려운 것은 무엇이었나요?

  – 내가 콩쥐라면 팥쥐에게 어떻게 했을까요?

  – 고양이 스프라이트와 곰돌이 스프라이트 중 마음에 드는 것은 무엇인가요?

  – 스프라이트 저장소에 있는 동물 중 어떤 동물 스프라이트를 좋아하나요?

  – 고양이가 하는 말 중 가장 심한 표현은 무엇인가요?

● 활동 후 질문 만들기

1

2

3

4

5

코딩을 활용한 동화치료 사례 4(스크래치 프로그램)

- 제목: 스크래치 프로그램으로 동화 속 바다 꾸미기(효녀심청)
- 준비물: 컴퓨터, 컴퓨터 프로그램(스크래치)
- 목표 및 기대효과
  - 동화 읽기 후 이야기를 이해하고 친구에게 들려주는 활동을 통해 자신감이 향상된다.
- 지시어: 스크래치 프로그램을 활용하여 동화 속 바다 풍경을 코딩해 보세요.
- 활동순서
  - 동화 이야기 듣기
  - 규칙 정하기
  - 오늘의 규칙(화가 나려고 할 때 약속 싸인 주기)
  - 동화 내용에 대해 이야기 나누기
  - 이야기 내용 주고받기 활동으로 이야기의 전체 이해하기
  - 스크래치 프로그램의 활용방법 알기
  - 무대 만들기 프로그램 및 스프라이트 위치와 활용 알기
  - 스프라이트 크기 조절하기
  - 프로그램 사용 중 문제점 발견하기와 해결하기
  - 활동 후에 이야기 나누기

● 활동사례 살펴보기

스크래치 프로그램
메뉴 알아보기

무대 배경 저장소

동물
스프라이트 저장소

스프라이트를
바다 무대 배경 위에
가져오기

비닷속 꾸미기
(확대·축소 활용)

● 상담사례 질문기법

– 스크래치 프로그램으로 바다를 표현할 때 무엇이 재미있었나요?

– 배경 만들기에서 무엇이 어려웠나요?

– 스프라이트를 확대 · 축소했을 때 무엇이 재미있었나요?

– 바다 꾸미기 중 가장 어려운 것은 무엇이었나요?

– 가장 큰 스프라이트는 무엇인가요?

– 가장 작은 스프라이트는 무엇인가요?

– 가장 작은 스프라이트에게 특별한 능력은 무엇인가요?

– 가장 큰 스프라이트의 단점은 무엇인가요?

● 활동 후 질문 만들기

1

2

3

4

5

제6장

푸드아트를 활용한 동화치료

1. 푸드아트 테라피의 이해

📓 푸드아트 테라피의 개념

푸드아트는 음식이라는 매체를 통해 특정 치료기법에 거부반응이 있는 사람들에게 친근감을 주며 접근할 수 있는 효과적인 심리치료 매체이다.

🌈 푸드아트 테라피의 의의

- 특정한 치료기법을 거부하는 사람에게 효과적이다.
- 자연주의적 심리치료로 촉각과 시각, 청각을 충족시켜 준다.
- 자연의 무의식 속에 다양한 감정을 음식으로 표현하는 활동으로 심리적 편안함을 제공한다.

푸드아트 테라피의 목표

- 먹을 수 있는 음식으로 접근하므로 긍정적인 대인관계를 형성한다.

*이 장은 『푸드아트테라피와 상담기법』(윤성희, 2017)을 참고하였다.

- 화려한 색감과 자연적 문양이 주는 특성으로 자기표현감이 향상된다.
- 푸드아트 활동을 통해 인지, 정서, 행동의 변화를 가져온다.
- 집단 및 개인의 작품 활동 과정에서 자신의 현재를 통찰하여 개인의 자아성장을 이룬다.
- 자기 치유 능력이 강화된다.
- 통합적인 접근 방식을 추구한다.

푸드아트 활용의 특징

- 음식이라는 흥미로운 매체와 활용의 용이함으로 실패의 경험이 적은 치료기법이다.
- 오감을 활용한 자연주의 치료법이다.
- 개인의 독특성과 창의적 표현이 가능하다.
- 음식으로 하는 활동이라 친밀감과 신뢰감이 편안하게 형성된다.
- 내면의 문제를 객관적으로 바라보는 자기성찰 과정을 경험한다.
- 내담자와 상담사의 긍정적 유대관계가 형성된다.

푸드아트 활용의 활동요소

- 다양한 색과 모양의 재료: 다양한 음식으로 작품을 화려하고 완성도 있게 만들 수 있다.
- 창의적 치료 프로그램: 음식으로 하는 활동의 한계점을 창의적으로 해결하여 다양하고 흥미로운 프로그램을 개발하는 것이 필요하다.
- 창의적 치료 활동이 가능한 치료사: 여러 가지 매체를 활용 가능한 창의적인 치료사의 능력이 필요하다.

2. 푸드아트를 활용한 동화치료 활동의 장점

- 재료의 친밀성: 채소, 과일, 과자 등 대상에 따라 재미있게 활용 가능한 재료를 선택한다.
- 현실 적응력 향상: '지금-여기'에서의 자신의 모습을 표현하고 자신의 현재 문제를 알아차린다.
- 만드는 과정을 통한 자기효능감 향상: 완성도 있는 작품 활동이 가능하다.
- 성취감 및 창의력과 표현력 향상: 다른 재료보다 푸드아트 활동을 했을 때 재료의 특성을 활용해야 하는 단점이 독창적인 표현 아이디어를 창출하는 계기가 되기도 한다.

3. 푸드아트를 활용한 치료적 가치

 통합적 발달 촉진

- 눈과 손의 협응력이 발달한다.
- 시지각이 발달한다.
- 순발력이 향상된다.
- 창의적 사고가 확장된다.

잠재된 재능 계발

- 재료를 통한 창작 활동이 가능하다.

음식에 대한 편견(편식) 개선

- "떡볶이가 매워서 먹기 싫어요."
- 떡볶이에 들어 있는 재료의 유익한 점에 대해 이야기 나누기로 음식에 대한 거부감을 소거한다.
- 떡볶이 만들기와 음식 그리기 활동으로 내담자가 가진 불편감을 이해하고 접근의 다른 방법을 모색한다.

인지기능 향상

- 푸드아트 활동 전체를 계획한다.

- 완성도 있는 작품을 만든다.
- 완성된 작품에 대해 이야기 나누기를 한다.
- 활동 후에 이야기 나누기로 마무리한다.

사회성 및 또래관계 향상

- 재료의 특성을 활용하여 자신에게 가능한 영역을 나누어 활동하고 집단 활동 시 규칙을 만들어 활동한다.
- 또래관계 상호작용 표현을 활용하여 활동한다.
  - 재료 사용에서 모둠별·개인별로 가질 수 있는 재료에 한계를 설정하여 또래관계의 증진을 목표로 한 활동을 한다.
- 재료 제공을 제한하여 활동한다.
  - 재료를 제한적으로 분배하고 사용하게 하여 특정 재료를 서로 부탁하여 사용할 수 있게 하고 부탁에 대해 거절할 수 있는 자유를 제공하고 부탁과 거절에 대한 유연성을 경험한다.

문제행동 아이의 만족감을 통한 승화 경험

- 재료 손질 및 준비에 따른 각성 조절을 연습한다.
  - 재료에 따라 사용을 위한 준비 작업이 필요하다.
- ADHD 아동도 자유롭게 활동할 수 있다.
  - 음식 재료로 활동할 때 규칙을 제공하여 과잉반응이나 이탈이 있을 시 푸드아트 활동 후 시식을 강화의 방법으로 제시한다.
- 활동에서 부분은 제한하고 부분은 자유롭게 영역별 규칙을 정하여 활동한다.
  - 집단 활동에서 활동 집단이 직접 규칙을 정하여 이행 방법과 규칙 위반 시 받는 벌칙까지 자유롭게 의논하여 정한다.

4. 푸드아트를 활용한 창의적 치료 활동

 푸드아트의 창의성

● 매체의 특성에 따른 자신만의 독특한 표현이 가능하다.
● 먹는 음식으로 흥미로운 작품 활동을 한다.

푸드아트를 활용하는 치료사의 자질과 역할

● 푸드아트를 활용하는 치료사의 자질
  - 아동의 경우 발달단계에 대한 전문적 지식을 갖춘다.
  - 내담자별로 활동의 결과물이 다르게 나타날 수 있는데 A는 B일 것이라 단정하거나, 완성도 있는 작품이 산출되지 않았을 때 선입견을 가지지 않아야 한다.
  - 치료 경험과 프로그램 연구에 대한 슈퍼비전이 필요하다.
  - 작품이 예상치 못한 결과로 나타났을 때 창의적 사고로 작품을 바라보는 시각도 필요하다.
● 푸드아트를 활용하는 치료사의 역할
  - 내담자의 내적 갈등을 푸드아트 매체를 활용하여 표출하도록 돕는다.
  - 내면을 탐색할 환경과 분위기를 제공한다.
  - 흥미를 유도하고 내담자와 친밀감을 형성한다.
  - 내담자와의 라포 형성에 최선을 다한다.
  - 푸드아트 매체를 활용한 창의적 기법을 연구·개발한다.

치료실 환경 구성과 플레이팅 도구

● 정서적 공간

- 편안함과 안정감을 느낄 수 있는 공간이 좋다.

- 노출에 대한 불편함이 없는 공간이 제공되어야 한다.

- 치료에 방해가 되는 요소가 없는 공간이 효과적이다.

- 활동에 대해 비밀 보장이 이루어져야 한다.

● 플레이팅 도구

- 국자, 주걱, 포크, 수저 등

푸드아트를 활용한 치료 활동의 질문기법

● 완성된 푸드아트 작품을 보면 생각나는 사람이 있나요?

● 완성된 푸드아트 작품을 보면 무엇이 떠오르나요?

● 작품 활동 후 지금의 마음상태는 어떠한가요?

● 작품 활동 전과 후에 달라진 생각은 무엇인가요?

● 완성된 푸드아트 작품에서 어떤 장소와 상황이 연상되나요?

● 완성된 푸드아트 작품에서 어떤 이미지가 떠오르나요?

● 완성된 푸드아트 작품을 하나의 이야기로 만들어 볼 수 있나요?

● 완성된 자신의 푸드아트 작품에 대해 만족하나요?

● 푸드아트 작품 활동 후 어떤 느낌이 드나요?

🍂 푸드아트 매체의 다양한 기법

- 칠하기
  - 포도껍질: 껍질로 즙을 내어 채색한다.
  - 블루베리: 블루베리 열매 자체 색상으로 채색한다.
  - 석류: 석류의 알맹이로 색상을 표현한다.
  - 커피가루: 커피가루와 물엿을 섞어서 색상을 활용한다.
- 색 소금 뿌리기: 다양한 천연 재료를 활용하여 색 소금을 만들어 사용한다.
- 긁기: 고추장을 접시 및 종이 위에 바른 다음 긁어 표현한다.
- 스탬핑: 야채, 과일 등 다양한 모양을 찍어낸다.
- 데칼코마니: 케첩, 머스터드 소스, 마요네즈 등 소스로 작품을 표현한다.
- 모자이크 기법: 과일 껍질 및 과일 등을 칼로 자른 후 표현한다.
- 점묘법: 1회용 미니 소스의 모서리를 잘라 점을 찍어 그림을 표현한다.

5. 푸드아트를 활용한 집단상담

 푸드아트를 활용한 집단상담의 절차

- 초기 단계: 목표를 정하고 흥미와 재미를 유도하며, 내담자와 친밀감 형성하여 긴장을 완화시킨다.
- 중기 단계: 단기목표를 설정하여 문제를 해결하여 자신의 감정표출을 돕는다.
- 종결 단계: 자기효능감 및 사회성 향상을 격려하는 시간으로, 안전한 종결을 위하여 종결 시기를 알리고 종결을 준비한다.

 집단상담 프로그램의 기본 구조

🍁 감정인사

- 동기 부여: 이야기 나누기로 즐겁게 참여할 수 있도록 활동의 동기를 부여한다.
- 인사와 별칭 짓기: 집단 활동에서 실명보다 활동시간에 사용할 별칭을 만들어 자신의 상황을 노출하는 것에 대한 부담을 줄인다.
- 간단한 소개: 자신을 소개하는 간단한 인사를 한다.

🌿 촉진 활동

- 자기효능감을 높인다.
- 자신감을 향상시킨다.

마음 나누기

사회성을 향상시킨다.

푸드아트를 활용한 개인상담 활동 과정

● 목표 활동
- 현재 내담자의 문제를 중심으로 활동 주제 정하기
● 준비물
- 다양한 모양과 색깔의 음식 재료 제공
● 활동방법
- 내가 가진 긍정적인 부분에 대해 생각해 보는 시간을 가진다.
- 활동 목표와 주제에 대한 이야기를 나눈다.
- 자유롭게 작품을 만든다.
- 자신이 만든 푸드아트 작품의 제목을 정한다.
- 작품에 대한 내용에 대해 충분한 이야기 나누기를 한다.
- 작품 활동 후 느낌에 대한 이야기 나누기를 한다.

6. 푸드아트를 활용한 동화치료 사례

 푸드아트를 활용한 동화치료 사례 1

- **제목:** 야채로 팥죽할머니와 호랑이 표현하기
- **준비물:** 화지, 당근, 자색양배추, 오이, 빵칼, 도마
- 목표 및 기대효과
  - 그림으로 그릴 때보다 투박한 표현으로 연필이나 채색 도구로 표현했을 때와는 다른 불편함을 겪게 되어 심리적 유연성 경험
- 지시어: 야채로 동화 내용 중 재미있었던 장면을 표현해 보세요.
- 활동순서
  - 동화 이야기 듣기
  - 동화 내용에 대해 이야기 나누기
  - 야채의 특성 알아보기
  - 빵칼로 야채를 썰었을 때의 불편함에 대해 이야기 나누기
  - 문제해결 방법에 대해 이야기 나누기
  - 활동 후에 이야기 나누기

● 활동사례 살펴보기

팥죽할머니를 찾아온 호랑이

팥죽할머니를 찾아온 호랑이를 야채로 만들면서 호랑이 수염과 귀를 만드는 것이 어렵다고 표현

야채로 표현한 팥죽

팥죽을 야채로 표현했을 때 느낌이 어떤지 이야기를 나누고 할머니가 여러 도구에게 주는 팥죽을 표현하고 팥죽 먹을 숟가락을 크게 표현

할머니를 돕고 있는 자라

몸집이 작은 자라지만 할머니를 도와서 착하다고 표현하였고 호랑이를 좀 덜 무섭게 만들고 싶다고 표현

● 상담사례 질문기법

– 야채로 표현한 호랑이는 무서워 보이나요?

– 야채로 표현한 팥죽은 어떤 맛이 날까요?

– 호랑이는 이 팥죽을 보면 뭐라고 말할까요?

– 야채로 만든 숟가락은 마음에 드나요?

– 야채로 만든 팥죽할머니는 돌아앉아서 무슨 생각을 할까요?

– 맷돌은 어떤 야채로 만들면 호랑이가 더 깜짝 놀랄까요?

– 호랑이를 표현해 보고 싶은 다른 야채는 무엇인가요?

– 야채로 표현할 때 가장 어려운 것은 무엇인가요?

– 야채 그림 표현에서 가장 재미있었던 점은 무엇인가요?

● 활동 후 질문 만들기

1	
2	
3	
4	
5	

푸드아트를 활용한 동화치료 사례 2

- 제목: 동화 읽고 표현하기(개와 고양이)
- 준비물: 쿠키 반죽, 오븐, 비닐, 쟁반, A4용지, 연필, 색연필
- 목표 및 기대효과
  - 활동을 통해 재미와 흥미를 경험하고 작품 완성을 통해 자신감 향상
- 지시어: 쿠키 반죽으로 강이나 바다에 사는 생물을 자유롭게 표현해 보세요.
- 활동순서
  - 동화를 읽고 이야기 나누기
  - 동화 속 내용 중 표현해 보고 싶은 것 음식 재료를 활용하여 표현
  - 쿠키 반죽으로 모양 만들기

– 자신이 만든 쿠키를 그림으로 표현하기

– 오븐에서 나온 쿠키와 자신이 그림으로 표현한 쿠키 비교하기

– 활동 후에 이야기 나누기

● 활동사례 살펴보기

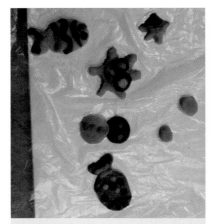

오븐에 넣기 전 반죽으로 만든 쿠키

오븐에서 나온 쿠키와 굽기 전 그림 비교하기

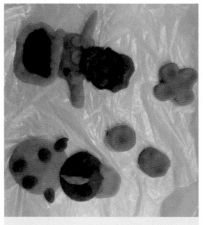

오븐에 넣기 전 반죽으로 만든 쿠키

오븐에서 나온 쿠키와 굽기 전 그림 비교하기

● 상담사례 질문기법

    – 내가 만든 반죽 쿠키와 오븐에서 나온 쿠키는 무엇이 다른가요?

    – 내가 만든 쿠키 중 가장 맛있는 모양은 어느 것인가요?

    – 어떤 모양이 가장 마음에 드나요?

    – 내가 만든 쿠키를 선물하고 싶은 사람은 누구인가요?

    – 쿠키를 만들고 나서 느낀 점은 무엇인가요?

    – 친구 중 누구에게 내가 만든 쿠키를 주고 싶은가요?

    – 반죽 쿠키와 구운 쿠키가 다른 것을 보고 어떤 생각이 드나요?

    – 쿠키를 선물받은 사람이 고맙다는 표현을 어떻게 해 주면 좋을까요?

● 활동 후 질문 만들기

1

2

3

4

5

Using traditional fairy tale

Fairy Tale Therapy

제7장

동화를 활용한 부모-아동 상호작용

1. 부모-아동 상호작용 치료

2. 아동주도 상호작용

3. 부모주도 상호작용

4. 동화를 활용한 부모-아동 상호작용 사례

7. 부모-아동 상호작용 치료

 부모-아동 상호작용 치료의 이해

- 이론적 배경

  - 부모의 양육 유형 연구에 이론적 기초를 두었다.

  - 쉴라 아이버그(Sheila Eyberg) 박사의 전통적 아동심리치료를 배경으로 개발되었다.

- 부모-아동 상호작용 치료(Parent-Child Interaction Therapy: PCIT)의 의의

  - 부모와 아동 간에 언어적 · 비언어적인 대화를 통하여 서로 감정을 표현하는 과정이다.

  - 부모와의 동일시나 모방을 통하여 생활 습관이나 성격이 새롭게 형성된다.

  - 자녀에게 생활 습관의 기초가 되는 다양한 경험을 제공한다.

 PCIT의 과정

- 아동주도 상호작용(Child Directed Interaction: CDI)로 시작한다.

- 부모만을 대상으로 CDI의 기본을 가르치는 교육 회기를 제공한다.

*이 장은 『부모-아동 상호작용치료』(Mcneil & Hembree-Kigin, 2013)를 참고하였다.

● 부모가 여러 질문을 할 수 있도록 장려하고 PCIT의 기본 원칙과 그것이 부모 자신의 역할에 대한 철학에 맞는지를 토의한다.

부모-아동 상호작용 치료의 특성

● 부모와 아동이 치료에 함께 참여하는 이유
- 부모의 행동이 아동의 정서발달에 영향을 미친다.
- 양육 행동이 어린 아동의 문제를 야기하거나 약화시킨다.
- 대부분의 문제행동은 아동만 치료하여 수정하기 어렵다.
● 부모-아동 상호작용 직접 코칭
- 잘못된 부분은 집에서 반복 연습이 가능하다.
- 부모에게 좋은 문제해결 기술을 모델링 하는 것이 가능하다.
- 부모에 대한 치료사의 격려와 지원이 가능하다.
- 부모의 상호작용 목표 수준에 따라 상호작용 기술을 코칭한다.
● 아동의 다양한 영역별 문제행동
- 지시 따르지 않기
- 반항
- 언어적 · 신체적 공격성과 같은 외현화 문제
- 동물 학대
- 도벽
- 거짓말
- 방화와 같은 품행장애 전조의 행동

🔍 부모-아동 상호작용 활용이 가능한 다양한 문제행동

- 주의력 결핍 과잉행동: 주의집중이 어렵고 모둠원의 의견이 자신과 다를 시 위협적인 행동으로 활동을 방해하여 모둠에서 제외되거나 활동 참여가 어렵다.
- 슬픈 정서: 자신이 가진 기질적 우울감이 문제행동으로 발전되기도 한다.
- 낮은 자존감: 부모의 양육태도와 가족의 지지가 부족한 아동은 낮은 자존감으로 사회성이 부족하고 다양한 영역의 활동에 부담을 느낀다.
- 완벽주의와 같은 내재화 문제: 반에서 1등을 했는데도 스스로 정한 점수에 도달하지 못하면 괴로워하고 힘들어한다.
- 생활 배경에서 오는 부모-아동 관계 문제: 생활 형편이 어렵거나 부모 갈등이 있는 경우 아동의 문제행동으로 발전할 수 있다.

✏️ 초기면접과 검사지의 활용

- 초기면접에 필요한 요소
  - 상담동의서
  - 초기면접지
  - 평가도구(아동 행동 평가지: K-CBCL)
  - 부모 양육태도 평가
- 초기면접의 내용
  - 부모의 말을 들으며 재진술하고 요약한다.
  - 아동의 치료를 위해 도움 요청을 한 것이 잘한 일이라는 메시지를 전달한다.
  - 아동의 강점을 아동이 알도록 한다.
  - 부모가 잘하고 있는 부분을 지지하고 구체적으로 코멘트하는 것이 효과적이다.

- 발달단계에 따른 정보를 제공한다.
- 치료사의 전문적 지식에 대한 신뢰를 갖도록 한다.
- 아동의 행동수정 가능성에 대한 확신을 갖도록 한다.

2. 아동주도 상호작용

 아동주도 상호작용(CDI)의 규칙

🍁 하지 말아야 할 언어적 표현

- 직접명령
  - 아동이 놀이를 이끌어 가지 못하게 한다.
  - 명령을 이행하지 않는 경우 불쾌감이 조성될 수 있다.
  - 직접명령 : "TV 꺼." "이것 들어 줘." "지금 시장 가자."
  - 간접명령 : "이번에는 분홍색을 사용하면 어떨까?" "그건 앉아서 해."

- 간접명령
  - 위장된 간접적 명령으로 표현한다.
  - 아동이 하고 있는 것에 대해 동의하지 않는다는 느낌을 줄 수 있다.
  - 부모가 아동이 선택한 활동을 찬성하지 않는다는 것을 의미한다.
  - "맞지?" "그렇지?" "어?" "그렇지 않니?" "오케이?" "그래?"

- 비난과 비꼬는 말
  - 비난과 비꼬는 말은 문제행동을 감소시키는 데 효과적이지 않고 문제행동을 증가시킨다.
  - 비난과 비꼬는 말은 아동의 즐거운 상호작용 시간을 불쾌하게 만든다.
  - 비난과 비꼬는 말은 자존감 문제를 야기한다.

🌿 해야 할 표현

- 칭찬하기
  - 평균 30초마다 한 번씩 하도록 격려한다.
  - 일반적인 칭찬: "멋지다." "잘했다." "착하다." "자랑스럽다." "좋았어."

- 구체적인 칭찬: "손에 힘을 주어 글씨를 쓰고 있네." "단풍색을 빨간색으로 칠하니까 예쁘네."
- 아동의 행동 개선에 따라 칭찬의 강도를 높인다.

● 반영하기
- 부모가 아동이 한 말을 반복하여 사용한다.
- 수용과 이해를 통해 아동에게 부모가 정말 듣고 있음을 전달한다.
- 아동이 대화를 주도하도록 하고 아동이 더 자세하게 말하도록 격려한다.
- 반영 시 질문 어조를 사용하지 않는다.

● 따라 하기
- 아동과 똑같은 혹은 비슷한 장난감을 가지고 논다.
- 아동이 하는 것과 비슷하게 한두 단계 뒤에서 따라가면서 아동의 놀이가 관심의 초점이 되도록 한다.
- 아동이 블록놀이에서 탑의 균형이 맞지 않다면 부모도 균형이 맞지 않게 한다.
- 아동 발달에 익숙하지 않은 부모에게 유용하다.

● 묘사하기
- 부모가 자녀의 놀이를 잘 관찰하고 적절하게 노는 행동을 말로 표현해 준다.
- 부모가 아동이 놀고 있는 활동을 중계하는 것으로 행동을 묘사한다.
- 아동의 행동을 직접적으로 언급해야 하며 '너'라는 단어를 포함한다.

● 열정적으로 활동하기
- 부모의 신나는 모습이 상호작용을 재미있게 만든다.
- 다양한 억양의 활기찬 목소리로 말한다.
- 불안하고 우울한 부모가 참여할 시 치료사가 활동을 코칭한다.
- 지나치게 활발한 부모가 참여할 시 아동을 지나치게 흥분시키지 않도록 하는 제한을 둔다.

영상평가

- 영상 촬영 안내하기
  - 영상 촬영 시간을 안내한다.
  - 촬영방법을 안내한다.
- 놀이평가 영상 촬영
  - 영상 촬영이 시작되면 아동과 평소 집에서 놀이하던 방법으로 놀아 준다.
  - 5분간 영상 촬영을 한다는 것을 안내한다.
  - '아동과 집에서처럼 활동하기' 외 어떤 지시어도 제공하지 않는다.
  - 영상을 부모와 함께 시청하면서 부모의 놀이 태도를 분석한다.
- 영상을 촬영하는 동안 치료사가 관찰할 사항
  - 부모가 아동에게 어떤 상호작용을 하고 있는가?
  - 아동은 부모에게 어떤 상호작용을 하고 있는가?
  - 부모는 아동에게 칭찬, 반영, 따라 하기 등을 하며 열정적인 활동을 하고 있는가?
  - 아동과의 놀이 시 영상으로 즐거움이 표현되는가?

3. 부모주도 상호작용

📓 부모주도 상호작용(Parent Directed Interaction: PDI) 교육 회기

● 교육 회기의 구조화

- 명령이행 연습에 대하여 설명한다.

- 효과적으로 명령/지시하는 방법을 논의한다.

- 아동의 지시이행 여부를 결정하는 방법을 논의한다.

- 지시이행 결과에 대한 논의가 필요하다.

- 불순종의 결과에 대한 논의가 필요하다.

- 타임아웃에서 벗어날 때 일어날 상황을 설명한다.

- 부모의 훈육기술을 코칭한다.

● 부모교육 회기의 교육내용

- 언제나 같은 훈육기술: 같은 상황에 매번 다른 훈육기술을 사용하면 아동이 부모의 훈육태도를 예측할 수 없다.

- 문제행동에 대해 일관성 있는 반응: 같은 상황에 매번 다르게 반응하면 기준이 모호해진다.

- 문제행동에 대한 태도: 문제행동에 대해 지루하게 반응한다.

- 규칙이행: 아동이 부모와 세운 규칙을 실행할 수 있도록 다양한 표현으로 아동을 격려한다.

 부모주도 상호작용의 규칙

● 아동이 무엇을 하라고 지시받으면 꼭 해야만 한다는 것을 알린다.

● 반항적인 아동에게 동기를 부여하기 위해 부모의 말을 들을 때와 듣지 않을 때 다른 반응을 보인다.

- 아동에게 명령한 다음 부모는 하던 일을 멈추고 아동이 부탁을 따랐는지 지켜 본다.
- 명령을 이행했을 때 열정적인 사회적 강화가 이루어진다.
- 명령을 이행하지 않았을 때는 로봇과 같이 일관성 있는 훈육 단계로 나아간다.

부모주도 상호작용 표현언어 사용의 중요성

명령이행을 위한 표현언어 연습

- 단번에 개선하는 것은 불가능하며, 점진적 개선이 필요하다.
- 명령이행 성공을 위해 다양한 표현언어 기술을 익힌다.

효과적인 지시

- 직접명령을 사용한다. 부모가 간접명령을 사용하면 아동은 그것이 명령인지 아닌지 구분하지 못할 수 있고, 그로 인해 부모를 시험하는 행동을 할 수 있다.
  - 직접명령 : "시장 갈 준비를 해야 해. 장난감을 정리하자."
  - 간접명령 : "책상 위에 정리할 수 있어요? 책상 위에 물건이 너무 많이 나와 있어서 지우개 를 찾기가 어렵겠는데."
- 복잡하지 않게 명령을 하나씩만 사용한다. 한 번에 여러 가지를 지시하면 아동 은 지시내용을 기억하지 못하고 포기하거나 부분만 이행하여 결과적으로 지시 이행에 실패하는 경험을 할 수 있다.
- 긍정적인 문장으로 명령을 사용한다.
- 모호하지 않은 구체적인 명령을 사용한다.
  - 모호한 명령: "잘해." "힘내." "진정해." "조심해." "고쳐 봐."
  - 구체적인 명령: "연필을 꼭 쥐고 글을 잘 쓰고 있네."

- 친절하게 대응하고 존중한다.
- 아동의 발달에 맞는 적절한 명령을 사용한다.
- 몸짓을 사용한다.
- 꼭 필요한 때만 직접명령한다.

🍄 명령이행에 따른 구체적 칭찬

- 한 번에 아주 잘했어.
- 글씨를 예쁘게 잘 적고 있네.
- 엄마를 도와줘서 고마워.
- 장난감 정리를 같이 하니까 좋네.
- 엄마가 말할 때 한 번에 들어주니까 좋네.

🔍 부모주도 상호작용(PDI) 코칭을 위한 일반적인 지침

🍁 한 번에 한 가지만 지시

- 치료사가 부모에게 한 번에 여러 가지를 지시하면 부모도 아동과 마찬가지로 지시사항을 다 기억하지 못하여 아동에게 간접명령을 사용하는 나쁜 습관을 반복할 수 있다.

🌿 안심시키는 말과 지지 제공하기

- 훈육회기 동안 부모가 감정의 동요를 경험하는데, 아동의 반응에 대해 불안해할 때 치료사는 부모를 안심시키고 진정시켜야 한다.

긴장완화 훈련전략 사용하기

● 부모의 목소리가 커지거나 화내는 수준으로 표현할 때 치료사는 차분하고 일
정한 톤으로 말한다.

● 치료사의 안정된 코칭은 부모의 불안을 진정시키는 데 효과적이다.

유머 사용하기

● 아동의 문제행동이 발현되고 있을 때, 치료사는 유머러스한 말투로 연속적인
해설을 하면 부모의 긴장을 완화시키는 데 도움을 준다.

놀이치료훈육기술 병행하기

● 아동의 태도에 따라 부모가 구체적인 칭찬을 하고 추가적인 명령은 시간 간격
을 두고 실시한다.

타임아웃 코칭 회기를 증가시키는 문제상황 제공하기(타임아웃 연습)

● 치료실을 부모의 허락 없이 나가려 시도할 수 있도록 문을 열어 놓고 수업한다.

● 아동이 좋아하는 활동보다 덜 좋아하는 활동을 진행한다.

● 실제 상황에서 타임아웃을 이행할 수 있도록 다양한 문제상황을 제공하여 타
임아웃을 연습한다.

타임아웃 코칭하기

● 타임아웃 놀이 활동으로 타임아웃이행에 대한 이해를 돕는다.

● 타임아웃이 성공적으로 실시된 후 곧바로 명령을 이행할 가능성이 커진다.

회기 진행에 따라 부모에게 좀 더 큰 책임주기

- 회기가 진행됨에 따라 치료사에게 의존하던 활동을 부모 스스로 생각해 내도록 유도한다.

✏ 부모주도 상호작용 코칭

🍁 과제 및 기타 점검

- 아동에게 혼자 놀이 활동을 할 수 있는 시간을 제공하고 아동에게 일어난 문제를 질문하고 점검한다.
- 부모가 이전보다 더 많은 우선권을 두도록 격려한다.
- 갑자기 발생하는 아동의 문제행동을 진정시키기 위해 CDI(아동주도 상호작용)가 중요하다는 것을 반복해서 강조한다.

🌿 언어적 · 비언어적 의사소통 코칭하기

- 치료사가 부모에게 아동과의 신체적인 거리, 신체 접촉 타이밍 등을 코칭한다.
- 언제 조용히 있을지, 언제 무시해야 하는지도 부모에게 알린다.
- 아동을 훈육할 때의 표정, 목소리 톤, 몸짓 언어 사용에도 개입한다.

🍄 회기 후 부모면담

- 코칭회기의 마지막 10분을 사용한다.
- 경험한 스트레스의 느낀 점과 염려되는 점에 대해 이야기 나누기를 한다.
- 부모가 사용한 다양한 기술에 구체적으로 칭찬한다.
- 면담시간에 치료 과정에서 이루어진 문제행동수정의 일반화를 위해 집에서 훈습할 과제를 제공한다.

4. 동화를 활용한 부모-아동 상호작용 사례

 동화를 활용한 부모-아동 상호작용 사례 1

- 제목: 동화를 활용한 작품으로 표현 익히기 활동(네로의 펠구나무 집)
- 준비물: 채색 도구, 필기도구, 노트
- 목표 및 기대효과
  - 작품 활동 과정에서 아동의 활동에 대한 부모의 칭찬과 격려로 아동과의 상호작용 방법 익히기
- 지시어: '내가 만약 네로의 펠구나무가 있는 과거로 간다면…… '이란 제목으로 그림을 그려 보세요.
- 활동순서
  - 동화책 읽어 주기
  - 규칙 정하기(아동의 작품 활동에 대해 구체적으로 칭찬하기)
  - 동화 속 펠구나무가 있는 네로의 동네와 친구들에 대해 이야기 나누기
  - 동화 속 네로의 펠구나무 집을 여행한다면 무엇을 타고 어떻게 갈 수 있는지 이야기 나누기
  - 작품 활동 후에 이야기 나누기

● 활동사례 살펴보기

아동: 엄마, 나 그림 다 그렸어.
부모: 와~! 잘하는데? 하늘에 별이 아주 많아.
　　　(특정 부분을 구체적으로 칭찬하기)

아동: 엄마, 나 공룡 그렸어.
부모: 공룡이 예쁜 알을 낳았구나. 예쁘고 멋
　　　지다.
　　　(특정 부분을 구체적으로 칭찬하기)

아동: 엄마, 나 우주 그리기 했어요.
부모: 로켓이 아주 튼튼하게 보이네.
　　　(특정 부분을 구체적으로 칭찬하기)

● 상담사례 질문기법

– 동화 속 네로는 어떤 인물인가요?

– 네로는 친구를 좋아할까요?

– 네로는 왜 친구들이 나무에 올라가지
　못하게 했나요?

– 네로가 살던 동네는 어떤 곳일까요?

– 친구들은 네로를 좋아하게 될까요?

– 네로는 친구들을 위해 무엇을 하면 좋
　을까요?

– 네로의 부모님은 어디에 계실까요?

– 우리 동네에 네로의 집인 펠구나무가
　있다면 무엇을 해 보고 싶은가요?

● 활동 후 질문 만들기

1

2

3

4

5

🌈 동화를 활용한 부모-아동 상호작용 사례 2

● 제목: 나만의 펠구나무 표현(아동의 작품을 구체적으로 칭찬하기)

● 준비물: 박스, 색종이, 가위, 목공본드, 글루건, 고정할 타이

● 목표 및 기대효과

   – 무의식 속의 자신을 만나고 작품 완성을 통한 자존감 향상

● 지시어: 내가 마음껏 쉬거나 놀 수 있는 나만의 나무를 만들어 보세요.

● 활동순서

   – 동화 네로의 펠구나무 읽기(구연동화 듣기)

   – 자신이 기억하는 장소나 기억에 남는 어떤 것에 대해 이야기 나누기

   – 점토와 다양한 재료로 표현하기

- 작품에 대해 이야기 나누기

- 자신의 이야기 중 문제해결 방법 찾기

- 작품 활동 후에 이야기 나누기

● 활동사례 살펴보기

• 나무기둥과 가지를 글루건으로 박스 위에 세움 • 나무기둥이 쓰러지지 않을지 걱정된다고 표현 • 부모의 상호작용: 나무가 튼 튼해 보이네. 가지를 많이 붙이니까 나뭇가지에 나뭇잎이 많이 피어날 것 같은데? (자세하고 구체적으로 표현하기)	• 나뭇잎을 색종이로 오려서 붙임. 자신이 좋아하는 나뭇잎 모양 만들어 붙임 • 나뭇잎을 많이 붙이는 것이 힘들다고 표현 • 부모의 상호작용: 나뭇잎을 붙이기가 어려울 텐데 꼭꼭 눌러붙이니까 잘 붙어 있네. (아동이 힘주어 붙이는 것은 관찰하여 구체적으로 표현하기)	• 내 나무에는 그네도 있고 침 대도 있고 동굴도 있어서 공 부하기 싫을 때 여기 와서 숨 어 있으면 된다고 표현 • 부모의 상호작용: 그네도 있 구나. 침대도 있고 동굴도 있 어서 좋겠다. 네가 나뭇잎을 많이 붙여 놓아서 쉬고 싶을 때 여기는 그늘이 많아서 시 원하겠구나. (아동이 나뭇잎을 많이 붙인 것을 구체적으로 칭찬하기)

● 상담사례 질문기법

- 동화 속 펠구나무처럼 자신이 기억하는 장소가 있나요?

- 동화 속 네로는 현실에서 누구와 닮았나요?

- 기억 속 장소를 보면 떠오르는 사람은 누구인가요?

- 기억 속 장소를 보면 어떤 장면이 떠오르나요?

- 동화의 주인공 네로는 친구를 자신의 집에 초대해야겠다고 반성하는 계기가 있는데, 자신
  은 그런 경험이 있나요?

- 동화의 내용 중 가장 기억에 남는 장면은 어디인가요?

- 내가 동화의 주인공이라면 친구들과 어떻게 놀았을까요?

- 내 친구들이 네로의 펠구나무에 놀러온다면 친구들은 규칙을 잘 지킬까요?

- 규칙을 이야기할 때 나는 어떤 목소리로 말하나요?

- 어머니께서 만들기 작품에 대한 칭찬을 했을 때 느낌이 어떤가요?

- 어머니께서 내 작품을 어떻게 말해 주면 기분이 좋은가요?

● 활동 후 질문 만들기

1

2

3

4

5

Using traditional fairy tale

Fairy Tale Therapy

제8장

동화를 활용한 학습치료

1. 학습치료의 목표

- 학습을 위한 동기 부여: 학습에 흥미가 없거나 학년에 맞는 학습을 놓친 경우 학과목에 대한 관심과 재미를 경험하도록 한다.
- 자신의 미래를 위한 계획 세우기: 자신의 미래에 대한 장기 계획과 단기 계획을 세운다.
- 자신이 세운 계획 실천하기: 자신이 세운 계획을 실천하기 위해 구체적인 세부 계획부터 실천한다.
- 학습에 방해되는 요인 알아보기: TV, 휴대폰 등 학습에 방해되는 요인을 알아본다.
- 자신에 대한 책임감 갖기: 자신의 계획을 실천한다.

＊이 장은 『학습동기 향상 전략』(최정원, 이영호, 2006)을 참고하였다.

2. 자기이해

- 흥미를 찾기 위한 질문
  - 자신이 좋아하는 과목은 무엇인가?
  - 어떤 활동을 할 때 즐거운가?
  - 내가 잘할 수 있는 것은 무엇인가?
  - 어떤 활동에 관심이 있는가?
  - 나의 미래 모습은?
- 나의 장점과 단점 바로 알기
  - 나는 어떤 활동을 어려워하는가?
  - 나는 어떤 활동을 재미없어하는가?
  - 나는 어떤 활동을 흥미로워하는가?
  - 나는 어떤 활동을 가장 열심히 하는가?
- 나의 지적 특성 알아보기
  - 나는 신체를 활용한 활동을 잘 한다.
  - 나는 가만히 있는 것을 불편해한다.
  - 나는 행동으로 배우는 것을 좋아한다.
  - 나는 손으로 하는 일을 좋아한다.
  - 나는 자세하게 관찰하여 하는 활동을 좋아한다.
  - 나는 그림이나 도표로 된 내용을 쉽게 이해한다.
  - 나는 긴 글을 읽는 것을 좋아하지 않는다.
  - 나는 글보다는 그림 그리는 것을 더 좋아한다.

3. 학습치료에 필요한 지적 특성의 종류

- 언어적 지능: 의사소통의 능력
- 논리–수리적 지능: 논리적 사고를 이해하고 문제해결을 할 수 있는 능력
- 시공간적 지능: 공간적 관계성을 이해하는 능력
- 신체감각운동 지능: 신체를 기술적으로 사용할 수 있고 신체 감각을 통해 지식을 얻을 수 있는 능력
- 대인관계적 지능: 자신과 타인의 기분, 동기 및 감정을 이해하고 다른 사람과 효과적으로 관계를 맺는 능력
- 성찰적 지능: 자신의 행동과 내적 사고 및 감정을 이해하는 능력
- 음악적 지능: 하나하나의 소리를 이해하고 의미 있는 방식으로 창조해 내는 능력
- 자연주의적 지능: 자연과 환경에 대한 관심과 그 특성을 이해할 수 있는 능력

4. 좋지 않은 습관을 변화시키는 방법

- 자신의 습관에 대해 바로 알아야 한다.
- 현재 나에게 문제 되는 습관이 무엇인지 알아본다.
- 할 수 있다는 결심이 변하지 않도록 중간중간 점검한다.
- 내일로 미루지 않고 바로 시작한다.
- 한 번에 한 가지씩 실천하고 변화한다.
- 꾸준히 실천할 수 있도록 한다.
- 성공하지 못했을 때 다음을 위해 다시 계획한다.
- 잘 해내는 자신의 모습에 대해 스스로 신뢰한다.
- 좋은 습관을 유지하기 위해 부모의 적극적인 칭찬과 격려가 필요하다.

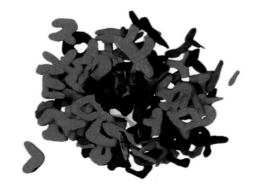

5. 동화를 활용한 학습치료 사례

 ## 동화를 활용한 학습치료 사례 1

- 제목: 동화에 나오는 글자 만들기
- 준비물: 화지, 색연필, 크레파스
- 목표 및 기대효과
    - 글자놀이를 통하여 학습의 재미 경험하기
    - 공부의 재미를 경험하고 학습에 대한 동기 부여
- 지시어: 글자의 자음, 모음을 만들어 보세요.
- 활동순서
    - 자신의 능력에 따른 학습이 왜 필요한지 이야기 나누기
    - 점토로 자음모음 만들기
    - 동화책에 나오는 글자 만들기
    - 동화책에 나오는 단어 및 문장 만들기
    - 어려운 글자를 기억하는 방법 만들기
    - 활동 후에 이야기 나누기

● 활동사례 살펴보기

점토로 자음 · 모음 만들기
제한된 자음 · 모음으로 글자 만들기

동화를 듣고 연관되는 단어 만들기

내가 알고 있는 단어 만들기

자음 · 모음 옮겨서 글자 만들기

자음 · 모음 나누어 글자 만들기 게임

가져온 자음 · 모음으로 글자 만들기

● 상담사례 질문기법

– 내가 만든 자음 · 모음의 글자 모양이 마음에 드나요?

– 가장 마음에 드는 단어는 무엇인가요?

– 가장 못생긴 자음 · 모음은 어느 것인가요?

– 못생긴 글자로 아름다운 표현언어를 만들 수 있을까요?

– 어떤 색의 글자가 가장 마음에 드나요?

– 어머니께서 좋아하는 말은 어떤 것이 있나요?

– 아버지께서 좋아하는 말은 어떤 것이 있나요?

– 점토로 만든 글자와 연필로 쓴 글자 중 어떤 것이 재미있나요?

● 활동 후 질문 만들기

1

2

3

4

5

동화를 활용한 학습치료 사례 2

● 제목: 동화 읽고 일기 쓰기

● 준비물: A4용지, 연필

● 목표 및 기대효과

  – 동화를 읽고 나서 동화에 나오는 이야기를 근거로 일기의 주제를 정하여 표현하기

  – 일기 쓰기에 자신감 갖기

● 지시어: 동화를 읽고 동화 이야기에 나오는 등장인물과 관련된 것으로 일기의
  주제를 찾아봅시다.

● 활동순서

  – 동화 읽기

  – 동화 내용에 대해 이야기 나누기

  – 동화책에 나오는 이야기 중 오늘 일과 관련된 키워드 찾기

  – 동화에 대한 이야기 질문 만들기

  – 오늘 일어난 일을 중심으로 마인드맵 그리기

  – 마인드맵을 정리하여 일기로 연결하여 적기

  – 활동 후에 이야기 나누기

● 활동사례 살펴보기

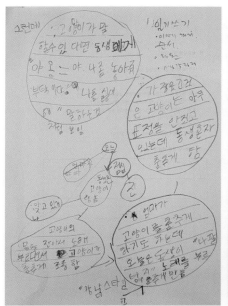

동화를 읽고 동화 내용에 대한 이야기 나누기를 하고 오늘 일과 연관된 키워드로 말주머니 그리기

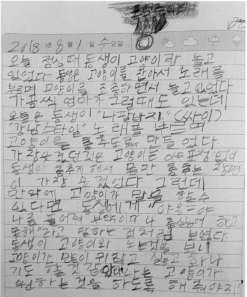

말주머니의 순서를 정하여 정돈하고 오늘 일기에 적기

● 상담사례 질문기법

  – 동화를 읽고 일기의 주제 찾기 중 무엇이 가장 어려웠나요?

  – 일기는 꼭 특별한 이야기로 구성되어야 할까요?

  – 일기의 주제를 질문으로 만들어 보았을 때 어떤 것이 가장 재미있었나요 ?

  – 말 주머니로 대충의 오늘 일을 정리하여 옮겼을 때 가장 좋은 점은 무엇인가요?

  – 일기 쓰기에 가장 힘든 부분은 무엇인가요?

  – 일기 쓰기의 내용으로 가장 편한 것은 무엇인가요?

– 일기 쓰기에 불편한 점은 무엇인가요?

– 일기 쓰기 싫은 날은 언제인가요?

● 활동 후 질문 만들기

제9장

동화를 활용한 놀이치료

1. 놀이치료의 이해

 놀이치료의 의의

- 문제를 스스로 극복하도록 돕고 아동의 잠재적 발달 가능성을 극대화시켜 주는 과정이다.
- 긴장을 완화시키며 감정을 개방적으로 표현한다.
- 사회적 기술을 발달시키고 문제해결을 다양한 접근 방식으로 시도하도록 돕는다.

 놀이치료의 역사

- 태동기
  - 1909년 프로이트(Freud)의 정신분석적 치료 사례에서 시작하였다.
  - 1919년 허그-헬무트(Hug-Hellmuth) 놀잇감이 제공되었다.
  - 사회적 기술 발달, 문제해결을 다양한 방식으로 접근하였다.

＊이 장은 『놀이치료의 이해』(유가효 외, 2014)를 참고하였다.

- 이론형성기
  - 1930~1950년대 놀이치료 기법이 급격히 성장한다.
  - 수동적 놀이치료에서 관계놀이치료로 발전하였다.
  - 1980년 이후 놀이치료의 전성기를 이루었다.
- 우리나라의 놀이치료
  - 1970년대 중반 숙명여대 주정일 교수에 의해 소개되어 발전하였다.

놀이치료의 요건

- 놀이치료사의 역할
  - 아동의 놀이를 관찰하며 활동을 촉진한다.
  - 아동의 놀이를 해석한다.
  - 아동의 놀이와 자료를 이해하고 의미를 통찰하도록 전달한다.
  - 놀이 장면에서 나타나는 것을 현실 상황으로 직접 해석하지 않도록 유의한다.
  - 해석의 자료를 가능한 놀이 행동이나 언어의 형태로 표출한다.
- 놀이치료실의 환경
  - 아동 내면의 관심사를 표현할 수 있는 환경을 제공한다.
  - 결과에 대한 두려움 없이 표현할 수 있는 보호 공간을 제공한다.
  - 여러 가지 작품을 둘 수 있는 영역을 마련한다.

2. 놀이치료의 과정

사정과 평가

- 내담자의 현재 증상 패턴과 기능적 수준 및 발달적 수준을 사례개념화한다.
- 아동의 성격 구조와 현재의 기능 수준을 평가한다.
- 아동의 내적 갈등의 잠재적 근원에 관한 정보를 수집한다.
- 치료가 진행되는 과정에도 지속적으로 평가한다.

도입

- 아동이 명확하게 이해할 수 있는 용어로 설명하고 목표를 설정한다.
- 약속 일정을 잡고 부모 참여의 필요성을 구체화한다.

아동놀이의 순서

- 놀이 안에서의 배역, 물건, 활동, 상태에 이름을 붙인다.
- 배역, 물건, 행동으로 연결시킨다.
- 사건을 연결시킨다.

치료 활동 중 부정적 반응의 표출

- 공포심을 갖고 있는 주요 대상 인물들에 대한 부정적인 측면이 치료 과정에서 나타날 수 있다.

- 권위적 대상에게 공포심을 갖는 경우 놀이치료 초기에 치료사에게 동일한 공포심을 보일 수 있다.
- 언어적 표현에 대해 저항을 보일 수 있다.
  - 놀이 과정에서 자신이 불편한 부분이 있으면 전반적으로 침묵한다.
  - 자신이 겪은 트라우마와 비슷한 상황이나 주제가 제공되었을 때 회피한다.
  - 문제상황이 불편하다는 표현을 거부로 나타내기도 한다.

🖉 놀이치료의 규칙

- 하지 말아야 할 위험한 행동
  - 놀이치료를 방해하는 행동과 방을 나가거나 종료시간을 지키지 않는 행동을 보인다.
  - 놀이방의 물건을 파손하면 다음 수업에 장난감을 사용할 수 없게 된다는 것을 알려 준다.
  - 놀이방에서 물건을 말하지 않고 가져가면 안 된다는 것을 알려 준다.
  - 폭력적인 표현을 하거나 사회적으로 수용될 수 없는 행동은 허용되지 않는다는 것을 알려 준다.
  - 부적절한 감정표현의 경우 제한됨을 알려 준다.

🍃 효과적인 제한

- 단계별 제한방법
  - 1단계: 아동의 감정과 바라는 것을 인정한다("네가 스스로 만드는 것을 정말 자랑스러워하는구나").
  - 2단계: 제한을 설정한다("그렇지만 벽에는 크레파스로 색칠할 수 없어").
  - 3단계: 수용 가능한 대안을 목표로 제시한다("벽에 마음대로 그릴 수 있게 전지를 붙여 줄게").

❋ 훈습

● 반복 활동에 따른 일반 행동의 확장

   – 다양한 방향에서 적절한 해석에 따라 특정 갈등의 해결책을 정교화하여 확장한다.

   – 무의식의 생각과 감정을 의식화하여 새로운 경험과 통합하여 자기감각을 일반화한다.

❋ 종결

● 안전한 종결

   – 어린 아동의 경우 치료기간에 치료사와 긍정적 관계로 유지되어 있으므로, 종결의 시기를 예고한다.

   – 치료실에 오지 않아도 바른 행동을 유지해 낼 수 있다고 격려하며 종결을 준비한다.

3. 치료기법

치료관계 형성을 위한 촉진적 태도

- 진심으로 내담자를 대한다.
- 온정적으로 보살핀다.
- 현재 상황의 수용을 경험하게 한다.
- 이해받고 있다는 확신이 들도록 내담자의 생각이나 결정을 지지한다.

치료적 반응

- 비언어적 반응
  - 치료사는 아동의 행동에 비언어적 표현을 아동에게서 표현되는 정서 수준과 비슷한 수준으로 표현한다.
  - 아동의 행동에 따른 표정언어를 사용한다.
- 언어적 반응
  - 반영하기: 아동의 말을 되풀이하거나 다른 말로 바꾸어 표현한다.
- 치료적 제한 설정
  - 아동의 정서와 신체적 안전을 제공한다.
  - 아동의 의사결정과 자기통제, 자기책임감을 촉진한다.

4. 아동중심 놀이치료의 이론적 기초

 아동중심적 관점과 정신병리

- 아동의 행동은 자기 자신에 대한 개념과 일치한다.
- 아동은 모든 경험이 자기개념과 일치할 때 적응하거나 부적응한다.
- 자기개념을 잘 통합하면 타인을 더 잘 이해하고 타인들과 좋은 관계를 유지하게 된다.

놀이치료 대상자의 범위

- 다양한 연령의 아동에게 활용 가능하다.
- 정서발달, 행동발달 등 영역별 적용이 가능하다.
- 발달지연 아동의 경우 놀이치료 활동이 발달을 촉진한다.
- 발달장애 아동에게 즐거운 놀이로 접근했을 때 흥미로워하고 치료에 대한 거부감이 덜하다.

놀이치료사의 역할

- 아동의 행동을 이해하고 수용한다.
- 표현에 대해 격려와 칭찬을 제공한다.
- 허용적인 감정 형성을 경험하게 한다.
- 결정을 촉진하는 활동을 제공한다.
- 책임감과 자기조절감를 경험하게 한다.

- 긍정개념을 갖게 한다.
- 자신의 행동에 대한 책임의식을 갖게 한다.
- 자발적으로 행동할 수 있도록 상황을 제공한다.
- 문제행동에 대한 자기수용적 태도를 갖도록 돕는다.
- 자신이 직접 의사결정을 할 수 있도록 기회를 제공한다.
- 자신의 감정을 조절하는 경험을 하게 한다.
- 해낼 수 있다는 자기신뢰를 갖게 한다.

아동중심 놀이치료 중심인물의 치료 개념과 신념

- 로저스(Rogers)
  - 지시적이고 정신분석적인 접근에 도전하여 비지시적 놀이치료를 발전시켰다.
  - 치료사의 태도, 성격 특성, 내담자와 치료사 간의 관계의 질을 강조했다.
  - 진실성과 긍정적 관심 및 공감적 이해를 중요시했다.
- 액슬린(Axline)
  - 비지시적 놀이치료의 목표: 아동의 자기인식과 자기안내를 제공한다.
  - 놀이치료의 원리: 아동의 행동은 내적 갈등에서 시작된다.
  - 내담자와의 관계 설정 : 공감적 이해, 따뜻함, 안전감을 제공한다.
- 무스타카스(Moustakas)
  - 경청하기와 듣기
  - 가르치기와 배우기
  - 이끌기와 따르기
  - 활발하게 참여하기
  - 조용히 관찰하기

- 대항하기와 머물게 하기

- 수용성, 감수성, 개방성 강조

● 랜드레스(Landreth)의 아동에 대한 신념

- 아동은 정서적 고통과 즐거움을 경험할 능력을 가지고 있다.

- 독특함을 인정하고 아동 그 자체를 존중한다.

- 어려움을 극복할 수 있는 힘이 있다.

- 직관적 지혜가 있다.

- 아동의 언어는 놀이이며 자기표현의 매개체이다.

- 아동에게는 침묵할 권리가 있다.

● 액슬린의 상호작용 기본 원칙(치료사와 아동)

- 치료사는 어떤 부분으로 인해 아동의 문제행동이 나타나는지 관심을 가진다.

- 선입견과 예측으로 아동의 행동을 오해하지 않고, 무조건적인 수용으로 경험하고 아동 그 자체로만 바라본다.

- 치료 과정에서 치료실 안에서 아동에게 안전함과 허용을 제공하여 자유롭게 자신을 탐구하고 표현할 수 있도록 한다.

- 예민한 아동의 경우, 감정에 민감하고 문제행동을 나타낼 수 있으나 수용적 태도로 아동을 이해한다.

- 아동이 자발적으로 참여할 기회를 제공하고 놀이나 대화를 지시하거나 강요하지 않아야 한다.

- 작은 변화에도 아동이 노력하고 있고 점차 변화하고 있는 것을 인정한다.

- 적절한 책임감을 수용하고 치료적 제한을 설정한다.

5. 놀이실과 놀이 도구

 놀잇감을 선택하는 중요한 평가기준

- 폭넓은 창의적 표현을 촉진하는가?
- 폭넓은 정서적 표현을 촉진하는가?
- 아동의 흥미를 일으키기에 적합한가?
- 표현이 가능하고 탐색적인 놀이로 촉진시키는가?
- 비언어 탐색과 표현이 허용되는가?
- 비구조화도 성공적인가?
- 확실하지 않은 애매한 놀이도 가능한가?
- 활동적인 놀이에도 사용할 만큼 놀잇감이 튼튼한가?

놀잇감의 범주

- 현실생활을 표현하는 놀잇감: 인형의 집, 가족인형, 손인형, 조형음식, 병원놀이 기구, 차, 배, 전화, 액세서리
- 공격성과 부정적 감정을 표출할 수 있는 놀잇감: 군인, 군용 장비, 총, 고무칼, 수갑, 방망이, 드럼, 심벌즈, 야생동물(뱀, 악어, 상어)
- 창의적 표현과 정서 해소를 위한 놀잇감: 모래, 물, 찰흙, 물감, 붓, 블록, 가위, 크레용, 연필

6. 부모 놀이치료

치료자의 역할

- 교육자, 감독자, 지지자, 협력적 변화 대행자, 부모 서비스의 공동 제공자 역할을 한다.
- 부모와 아동의 상호작용 코칭으로 아동의 행동을 일반화할 수 있도록 돕는다.
- 자신의 자세를 아동의 눈높이에 맞추고 함께한다.

부모 놀이치료의 과정

- 구조화
  - 놀이치료를 실시하기 위하여 부모가 놀이 세션 상황을 어떻게 전개할 것인가에 대한 초기 상담을 계획하는 것이다.
- 공감기술(아동에게 전달)
  - 부모가 자녀에게 관심을 가지고 있다는 것을 다양한 표현 기술로 전달한다.
- 아동중심 상상놀이
  - 부모에게 아동이 요구하는 놀이역할을 알아차리는 방법을 가르친다.
- 초기 제한 설정
  - 깨지거나 부서지는 것은 어떻게 조심하는지, 어디까지 허용되는지를 알려 준다.
  - 크레파스는 벽에 칠했을 때 지울 수 없으므로 사용할 수 있는 영역을 따로 제공하여 그 범위 안에서 자유롭게 사용할 수 있도록 한다.
  - 날카로운 물건은 위험할 수 있다는 것을 알려 주고 조심하여 사용하도록 안내한다.
  - 사람을 겨누는 장난감은 상대방의 감정을 상하게 할 수 있으므로 사용하는 방법을 미리 알

려 준다.
- 장난감이 파손되면 다음 회기에 사용할 수 없거나 다른 친구들이 사용할 수 없게 되므로 조심히 다루어야 하며 파손 위험이 있는 장난감을 다루는 방법을 제공한다.

놀이치료의 제한 설정 시 주요사항

- 미리 경고한 제한 사항을 어겨서 생긴 일에 대해서 책임감을 갖게 한다.
- 놀이 세션 동안 제한을 최소화해야 감정표현이 자유롭다.
- 제한으로 인한 위축이 있을 수 있으므로 꼭 필요한 제한인지를 고려한다.
- 문제상황에서 부모의 훈육에는 일관성 있는 태도가 유지되어야 한다.
- 상황이나 감정의 변화에 상관없이 일관성 있는 규칙을 제공한다.

　　예) '침대에서는 언제나 뛰지 않는다'는 규칙에 일관성 없는 부모의 양육태도

　　- 부모의 기분이 좋은 날은 "조금만 뛰고 그만 뛰어."

　　- 부모의 기분이 나쁜 날은 "침대에서 뛰지 마."

　　- '침대에서는 언제나 뛰지 않는다'는 규칙이 변하지 않는 일관적인 양육태도가 필요하다.

7. 부모 놀이치료의 학습

 공감의 종류

- 집중
  - 과거 경험으로 아동에게 혼동을 주지 않고, 현재 아동이 표현하고 있는 것과 놀이의 의미에 집중한다.
- 관찰
  - 아동의 언어적, 비언어적 표현에 관심을 갖고 관찰한다.
- 경청방법
  - 눈 마주침, 고개 끄덕임, 인정하는 반응 등 소극적 방법으로 반응한다.
  - 아동의 말을 반영하거나 요약하고 개방질문을 통하여 아동에게 상호작용에 적극적으로 참여하고 있다는 것을 알려 주며 구체적인 칭찬을 한다.

부모 놀이치료 학습의 기법

- 부모는 부모로서의 개인적 관심과 아이의 현재 상황에 대한 부모 자신의 두려움을 일반화한다.
  - 아이의 현재 정보에 당황하지 않는다.
- 치료사는 부모가 자신의 생각과 감정을 충분히 탐색할 시간을 제공한다.
  - 자녀의 고민을 구체적으로 이야기하도록 격려한다.

부모 놀이치료의 학습 구성요소

- 수용하기
  - 부모는 아동행동 수용방법을 치료자를 통하여 학습한다.
  - 치료자가 부모와 상담 과정에서 부모를 수용했을 때 어떤 느낌인지 경험하고 아동에게 연습할 수 있다 .
- 반영적 청취
  - 부모는 치료자가 부모의 말을 귀 기울여 듣고 되풀이하여 표현하는 방법을 경험하여 아동과의 상호작용에 활용한다.
- 주의집중
  - 부모는 치료자가 알려 준 자녀에게 집중할 수 있는 구체적인 방법을 활용한다(비언어적 표현, 언어적 표현).
- 부모의 장점 격려
  - 치료자가 아동과 자유롭게 활동하는 회기를 부모에게 보여 주고 부모가 아동과 연습할 기회를 제공한다.
- 구체적으로 설명하기
  - 아동 발달단계별 설명이 구체적이어야 하는 부분을 알려 준다.
- 정확한 예 제공
  - 치료자의 경험을 예로 제공하여 부모에게 설명한다.
  - 치료사는 부모가 만나는 특별한 상황에 맞는 적절한 반응방법을 제공한다.
- 전문적인 지식 전달하기
  - 발달단계별 부모가 알고 있어야 하는 정보를 제공한다.
- 반응기술 연습 격려하기
  - 치료사에게 부모는 특정행동에 대한 반응을 연습하여 아동과의 놀이 활동에 활용한다.

● 발전을 위한 제안

    – 치료자는 부모에게 대안을 찾을 수 있도록 기회를 제공하고 문제상황이 해결될 수 있도
      록 돕는다.

8. 치료놀이

 ## 치료놀이의 특성과 목표

- 특성
  - 상호작용을 중시하는 치료자 주도의 접촉놀이이다.
  - 아동이 부모와 건전한 애착관계를 형성하는 데 용이하다.
  - 부모-자녀 상호작용이 촉진된다.
  - 신체 접촉, 즐거움, 재미를 기초로 두고 있다.
  - 타인과의 관계발달에도 영향을 미친다.
  - 안정된 환경을 경험하게 된다.
  - 퇴행적 욕구를 충족시킨다.
  - 스킨십이 어색한 아동에게는 아동 스스로 편안해질 수 있는 시간을 제공하여 아동에게 결정권을 부여한다.
  - 아동의 성숙 정도와 지식 수준 이상의 결정권은 부여하지 않는다.
- 목표
  - 건강한 애착 및 자존감을 증진시킨다.
  - 사람에 대한 신뢰감을 갖는다.
  - 자신과 타인에 대해 긍정적으로 변화시킨다.

대상 아동과 치료사의 역할

- 대상 아동
  - 문제행동을 보이는 아동

- 신체화, 신체 증상

- 사회적 미성숙

- 불안/우울, 위축/우울

- 의존적

- 규칙 위반, 공격 행동

- 지시불이행

● 치료사의 역할(미국 치료놀이협회의 지침)

- 아동의 태도에 적극적으로 반응하고 공감적 표현을 사용한다.

- 활동 프로그램을 의도적으로 계획하여 신체 접촉의 기회를 제공한다.

- 어린 아동의 경우 아동의 수준을 고려한 언어를 사용하고 아동과 눈높이를 맞추어 활동한다.

- 스킨십 경험이 없는 경우 거부 반응을 강하게 나타낼 수 있으므로 저항을 예상하고 행동 한다.

- 신체 접촉놀이 활동 시 아동의 기분과 감정을 충분히 고려해야 한다.

- 치료자 주도 접촉놀이의 시작은 아동 중심적으로 한다.

- 접촉놀이 활동 중 돌발 상황이 생길 경우 자발적이고 융통성 있는 대처가 필요하다.

- 세션 내에 언제 이 활동이 시작되어 언제 끝이 난다는 것을 미리 알린다.

- 활동은 실패나 성공을 경험한다는 것을 알린다.

- 활동의 과정을 충분히 설명하여 지나친 불안과 과잉행동을 예방한다.

📋 치료의 원리와 각 영역별 놀이 활동

🍁 **구조화("넌 나와 함께하므로 안전해")**

- 공치기: 안전을 위해 공간을 구조화하고 활동을 예측하여 안전에 대한 감각을 익힌다.

🌿 **도전("넌 할 수 있어, 넌 더욱 잘할 수 있어")**

- 신문지 자르기: 아동이 자신의 능력 내에서 성취감을 경험할 수 있도록 자극을 제공하고 격려한다.

🍄 **개입("난 너와 함께 있어서 좋아, 넌 누구와도 친해질 수 있어")**

- 비누방울 불기: 아동을 혼자 두지 않고 아이의 활동에 다양한 방법으로 참여하여 아이와의 상호작용을 이끌어 낸다.

🍄 **양육("넌 정말 사랑스러워, 내가 너를 편안하게 해 줄게")**

- 로션 바르기(접촉놀이): 아동 자신이 사랑스러운 존재라는 것을 전달한다.

9. 게임 놀이치료

 게임 놀이치료의 이해

- 일반적인 게임
  - 즐거움을 제공하며 신체 활동을 활성화하고 정서적 이완작용을 도와주며 감정 정화에 도움을 주는 활동이다.
- 놀이치료에서의 게임
  - 치료사는 자기 삶의 경험과 관련하여 내담자를 지원하고 결과가 아닌 과정을 통해 다양한 대처방법을 알아가는 치료적 역할을 한다.

게임 놀이치료의 치료적 요소

- 치료 동맹
  - 치료적 동맹관계 형성에 초점을 맞춘다.
  - 치료 초기 저항을 감소시킨다.
  - 치료적 과정을 증진하고, 막연한 불안을 감소시킨다.
- 정서적 성장 촉진
  - 위축된 아동의 정서 성장을 촉진한다.
  - 전략적 승패를 제공한다.
  - 승패에 집착하지 않도록 훈습 과정을 제공한다.
- 진단
  - 아동의 태도와 방법을 관찰할 수 있다.
  - 의존적인가, 강박적인가, 규칙에 얽매이는가 등 현재의 어려움을 게임을 통해 관찰할 수 있다.

● 의사소통

  – 의사소통을 촉진 · 증진한다.

  – 아동이 긴장을 풀게 되어 덜 방어적이 되고, 자신의 사고와 감정을 자유롭게 표현할 수 있다.

● 자존감 증진

  – 긍정적 자존감이 증진된다.

  – 놀이를 통해 자신을 드러내고 인정하고 용납하며 수용하는 기회를 가질 수 있다.

● 통찰력 향상

  – 자신의 사고 과정을 인식하고 게임 안에서 실제 삶의 상황을 반영하고 통찰(insight)하는 기회가 되고 문제해결 기술을 발달시키는 기회가 된다.

게임 놀이치료의 유의사항

● 게임의 규칙

  – 게임의 규칙을 치료적으로 사용한다.

  – 아동의 통제 목적으로 부적합하다.

● 아동의 능력

  – 게임을 이해할 수 있는지에 대한 확인이 필요하다.

  – 게임을 이해할 수 있도록 적극적으로 지원한다.

● 게임의 경쟁적 요소

  – 적절한 경쟁 수준을 결정한다.

  – 치료 목적이나 의뢰 이유 등을 항상 고려한다.

● 게임의 승패

  – 게임 승패의 균형이 필요할 때는 조절한다.

10. 동화를 활용한 놀이치료 사례

 동화를 활용한 놀이치료 사례 1

- 제목: 콩쥐의 바구니 만들기와 곡식 만들기(신문지 공)
- 준비물: 동화책, 신문지
- 목표 및 기대효과
    - 대 · 소근육 발달을 돕고, 자신이 만든 작품이 놀이로까지 연결되어 활동함으로써 자신감이 향상된다.
- 지시어: 신문지를 땋아 바구니를 만들어 보세요.
- 활동순서
    - 동화책 읽기 놀이
    - 콩쥐가 하는 일에 대해 이야기 나누기
    - 놀사에 필요한 것 알아보고 농삿일에 필요한 도구에 대해 이야기 나누기
    - 동화에 나오는 농사에 필요한 도구 만들기
    - 신문지를 길게 잘라 세 가닥을 땋아서 줄 만들기
    - 신문지 줄로 농사에 필요한 도구 중 바구니와 신문지 공 만들기
    - 완성된 바구니와 공으로 바구니에 곡식 넣기 놀이
    - 활동 후에 이야기 나누기

● 활동사례 살펴보기

신문지를 잘라 세 가닥을 땋는다.

세 줄을 포개어 놓고 긴줄을 포개어 놓는다.

한 칸씩 줄을 건너가며 엮는다

바닥 크기를 적당히 만들고 위로 올라가도록 엮는다.

적당한 높이까지 용도에 맞게 만든다

글루건과 목공풀로 마무리한다.

신문지로 커다란 곡식을 만든다.

바구니에 곡식 넣기 활동을 연결하여 한다.

● 상담사례 질문기법

- 신문지 가닥을 땋아 줄을 만들 때 어려운 것은 무엇인가요?

- 자신이 만든 바구니를 무엇에 사용하면 좋을까요?

- 신문지로 만들어 완성한 바구니는 어떤가요?

- 바구니 만들기 과정 중 재미있었던 것은 무엇인가요?

- 신문지 곡식의 크기는 적당한가요?

– 곡식을 크게 만들면 그것의 이름은 무엇일까요?

– 곡식을 작게 만들면 그것의 이름은 무엇일까요?

– 신문지로 무엇을 만들어 보고 싶은가요?

– 콩쥐에게 바구니를 선물하면 콩쥐는 어떻게 반응할까요?

– 팥쥐에게 신문지 바구니를 선물하면 어떻게 반응할까요?

● 활동 후 질문 만들기

동화를 활용한 놀이치료 사례 2

- 제목: 사이좋은 흥부와 놀부가 한마을에 살았대요(인형놀이)
- 준비물: 전지, 크레파스, 인형
- 목표 및 기대효과
  - 인형놀이 활동을 통하여 동화 속 인물을 이해하고 동화 내용에 대한 이해 돕기
  - 즉흥적 각색으로 문제해결 대처 능력 경험하기
- 지시어: 흥부와 놀부가 한마을에서 살게 되는데, 어떻게 살아가는지 표현해 보세요.
- 활동순서
  - 동화 읽기
  - 동화 내용에 대해 이야기 나누기
  - 등장인물 관찰 및 알아보기
  - 동화가 끝난 부분부터 전지에 이야기 만들기 하기
  - 인형과 그림으로 동화의 상황 연출하기
  - 인형과 그림으로 동화의 상황 즉흥적으로 각색하기
  - 활동 후에 이야기 나누기

● 활동사례 살펴보기

흥부와 놀부가 살고 있는 동네 그리기

흥부의 집과 놀부의 집을 초가집으로 표현

놀부의 동물농장에는 공룡을 키우고 있다고
표현

흥부의 동물농장에는 가축을 키우고 있다고 표현

흥부의 가족을 다른 사람은 밖에 나가 있어서
집에 있는 흥부와 흥부 부인, 아이 1, 2, 3만 표현

놀부의 가족은 놀부와 놀부 부인, 징징거리며 우는
아이 두 명과 놀부의 어머니인 할머니 표현

누워 있는 공룡 울타리 밖에 개가 공룡을 지키
고 있다고 표현

흥부는 가축을 키우고 놀부는 공룡을 키워서 행복
하게 살고 있다고 표현

● 상담사례 질문기법

　　– 흥부와 놀부는 부자가 되었는데 왜 집이 초가집일까요?

　　– 놀부는 공룡들 때문에 위험하지 않을까요?

　　– 공룡은 누가 사 갈까요?

　　– 흥부와 놀부는 계속 사이가 좋을까요?

　　– 흥부네 가족 중 가장 마음씨가 착한 사람은 누구일까요?

　　– 놀부네 가족 중 가장 욕심이 많은 사람은 누구일까요?

● 활동 후 질문 만들기

제10장
동화를 활용한 음악치료

1. 음악치료의 이해
2. 음악치료로 접근하는 정신건강
3. 심상이완을 위한 음악의 역할
4. 음악치료의 방법
5. 동화를 활용한 음악치료 활동 필요요소
6. 치료음악 선정 시 유의점
7. 환경에 따른 음악치료의 효과
8. 음악치료사의 음성
9. 동화를 활용한 음악치료 과정
10. 동화를 활용한 음악치료 사례

1. 음악치료의 이해

 음악치료의 정의

- 내담자의 심리와 정서 및 신체 건강을 회복시키기 위해 음악을 활용한다.
- 내담자의 심리적 문제를 음악을 활용하여 접근하고 해결하는 전문적인 영역이다.
- 치료사와 내담자가 함께 음악 활동 경험으로 내면의 문제를 접근하고 해결하는 활동이다.

🌈 음악 구성요소의 심리적 작용

- 멜로디: 공간에서 움직임을 표현 가능하며 신체, 감정의 움직임을 표현할 수 있다.
- 리듬: 소리의 규칙적인 움직임으로 말과 동작, 대화를 통해 심리적 측면을 이해할 수 있다.

＊이 장은 『음악심리치료 이론과 실제』(황은영, 정은주, 이유진, 2014)를 참고하였다.

● 화성: 두 개의 음이 동시에 울릴 때를 말하며 화성의 조화에 따라 기분 좋은 감정과 불쾌한 감정을 유발할 수 있다.

● 강약: 음의 셈여림을 나타내며 감정을 표현할 때 중요한 역할을 한다.

● 음색: 악기나 목소리의 색깔을 말하며 개인의 음색은 내면의 성격을 표현하는 것이다.

2. 음악치료로 접근하는 정신건강

 정서

- 음악 활동으로 문화생활을 즐긴다.
- 음악 활동으로 통증, 불안, 우울, 부정적 감정이 긍정적 감정으로 움직일 수 있도록 도움을 준다.
- 음악 감상으로 내면의 감정을 탐색하고 내적 갈등에 대한 유연한 변화를 기대할 수 있다.
- 음악 감상, 노래 부르기, 악기연주를 통하여 다양한 내면의 감정을 외부와 소통하게 한다.

인지

- 인지적 왜곡으로 인한 부정적인 생각을 긍정적으로 변화시킨다.
- 자신이 좋아하는 음악이나 싫어하는 음악으로 자극과 강화의 역할을 제공가능하다.
- 가사 바꾸기 활동으로 왜곡을 전환하는 데 도움을 준다.
- 자신이 경험한 특별한 일과 관련된 노래를 부르고 자신을 통찰하는 기회를 갖는다.
- 가사 바꾸기 활동으로 노랫말을 재완성시키는 과정에서 자신의 가치를 높이 평가하게 된다.

📑 행동

● 다양한 음악 과제를 수행하여 문제해결 기술과 집중력을 향상시킨다.
● 제한의 방법으로 음악을 활용한다.

3. 심상이완을 위한 음악의 역할

통증 완화를 위한 음악

- 환자의 두려움과 불안을 완화시키며 긍정경험을 증진시킨다.
- 환자의 심리적 고통을 감소시킨다.

아동 · 청소년 심리치료를 위한 음악

- 세션 일부 또는 전반에 걸쳐 사용 가능하다.
- 심리적 불안과 압박감이 있는 아동에게 효과적이다.

아동 행동을 제어하기 위한 음악

- 행동 시작과 종료를 위한 음악으로 제공된다.
- 행동 강화와 보상을 위한 음악으로 가능하다.

아동에게 친근한 노래 부르기 활동의 장점

- 주의집중에 도움을 주며 불안감과 두려움을 해소시킨다.
- 쉽게 따라 부를 수 있고 재미를 유지하도록 돕는다.
- 호흡을 통제하고 긴장감을 완화시킨다.

4. 음악치료의 방법

 즉흥연주 활동

- 멜로디, 리듬 등을 즉흥적으로 노래하거나 악기로 연주하는 것을 말한다.
- 상황을 제시한 즉흥연주로 내담자의 숨겨진 내면의 감정표현이 가능하다.
- 즉흥연주는 신뢰형성에 도움을 주며 친밀감을 향상시킨다.
- 여러 가지 감각을 발달시키며 인지발달을 향상시킨다.
- 다양한 감각(시각, 청각, 촉각)에 도움을 주며 주의집중에 돕는다.
- 개개인의 내면을 반영하며 음악적 변화가 치료적으로 연결된다.

노래 부르기와 노래가사

- 노래는 자신의 내면을 표현한다.
- 개인의 희망과 절망, 불안과 우울 등 다양한 감정을 표현한다.
- 개인의 이야기를 반영하며 자신의 감정을 소리로 표현한다.
- 노래를 듣고 심리적 움직임을 이야기 나누기를 한다.
- 즉흥노래로 자신의 가장 깊은 자아에 접근하여 감정을 소리로 만들어 낸다.

감상

- 수용적 음악치료의 대표적인 방법이다.
- 통증치료에 많이 적용된다.

5. 동화를 활용한 음악치료 활동의 필요요소

선정된 음악

- 아동이 선정하거나 효과적 치료를 위해 치료사가 발달과 선호도를 고려하여 선정한다.

심상이완을 위한 스크립트

- 아동의 심리를 활성화시키기 위해 상상과 환상을 말로써 돕는 활동이다.

음악을 활용한 치료 프로그램

- 음악을 활용한 다양한 치료 프로그램이 필요하다.

음악을 활용한 다양한 기법

- 음악에 따라 율동한다.
- 주제에 따라 간단한 타악기를 만들어 활동한다.
- 기존의 노랫말을 동화 내용을 요약하여 개사한다.
- 즉흥연주로 음의 셈여림, 곡의 빠르기로 자신을 표현한다.
- 음악을 활용한 놀이 활동을 한다.

6. 치료음악 선정 시 유의점

선정된 음악의 길이

- 내담자를 안정시키기 위해 정해 둔 시간을 지킨다.
- 이완과 심상 유도에만 사용하는지 활동 전체 시간에 사용할 것인가를 결정한다.
- 내담자의 집중력과 인내력 수준에 따라 결정한다.
- 특정 환경에서는 시간을 설정하여 활동한다.

음악의 선호도

- 내담자와 친숙한 음악을 선택한다.
- 내담자가 좋아하는 장르를 고려한다.

음악 선정의 적절성 평가

- 눈을 감은 채로 음악 목록에 주의를 기울이며 감상한다.
- 어떤 형태의 심상이나 느낌이 내담자에게 문제를 유발하지 않는지 유의한다.
- 시작부터 끝까지 주의 깊게 감상한다.
- 시작부터 의도하는 분위기가 형성되는지 관찰한다.
- 도입 부분이 적당한지 평가한다.
- 음악이 끝났다는 느낌을 갖기 어렵게 하지는 않는지 평가한다.

7. 환경에 따른 음악치료의 효과

 의학 세팅에서의 음악

- 스트레스와 긴장감이 감소된다.
  - 영상 촬영 시 촬영 과정에서의 소음으로 인한 불안감을 차단하는 효과를 기대할 수 있다.
- 치료절차에 앞서 불안감이 감소된다.
  - 검사 과정이나 결과를 기다리는 동안 긴장과 불안 조절을 돕는다.
- 치료 과정의 고통과 수술 중의 통증 강도가 경감된다.
  - 자신이 좋아하는 음악으로 통증에 대한 심리적 부담을 줄인다.

정신건강 치료 세팅에서의 음악

- 스트레스, 흥분 및 불안이 감소된다.
  - 심리적 안정을 돕는 편안한 멜로디의 음악으로 심리적 안정을 돕는다.
- 내담자 주위를 육체와 호흡에 집중시킨다.
  - 음악에 집중하여 한곳에 집중시킨다.

노인 요양시설에서의 음악

- 치매를 가진 환자의 흥분을 감소시킨다.
  - 안정적인 템포와 편안한 멜로디로 마음의 안정을 제공한다.
- 편안한 경험을 제공한다.
  - 느린 템포의 편안한 음악을 들으면 심리적으로 편안함을 경험한다.
- 음악 감상의 경험을 제공한다.

8. 음악치료사의 음성

📓 음색의 분류

- 고음: 불안감과 미숙함이 전달될 수 있다.
- 저음: 거친 분위기로 전달될 수 있다.

🌈 치료사가 사용할 음색

- 중간 음역에서 따뜻함과 편안함을 제공한다.
- 일관된 음색으로 진행한다.
- 신뢰할 수 있는 음색을 사용한다.

📋 말의 속도

- 말은 적당한 속도를 유지한다.
- 느린 속도로 반복적으로 제공한다.
- 불안한 아동은 아동의 에너지 수준과 일치시킨 다음 점진적으로 속도를 낮춘다.

🔍 다이내믹

- 역동적인 표현에 사용한다.
- 운율감이 있는 말을 활용한다.

● 집중할 수 있는 경쾌한 억양, 목소리를 사용한다.

✎ 호흡

● 규칙적인 호흡 패턴을 유지한다.
● 치료사의 호흡 소리가 들리도록 모델링한다.

9. 동화를 활용한 음악치료의 과정

이완하기

- 편안한 자세를 취한다.
- 책상에 앉아서 활동할 경우 허용 가능한 자세의 범위를 넓게 정한다.

음악 활동

- 악기연주 음악과 함께 동화를 구연하거나 읽기를 한다.
- 위기와 절정의 순간 음악을 조절하여 감정을 경험한다.
- 치료사의 목소리가 들리도록 음악소리를 조절한다.
- 내담자에게 친숙한 음악을 사용한다.
- 동화 내용의 이해를 돕는다.

활동 주제에 관한 이야기 나누기

- 문제 상황이나 문제행동에 대한 이야기를 나눈다.
- 동화 내용에 표현되는 감정이나 상황에 대한 이야기를 나눈다.

작품으로 표현하기

- 동화 내용 중 기억에 남는 장면을 표현한다.
- 동화 내용을 각색한다.

- 음악을 듣고 동화 속 배경을 그림으로 표현한다.
- 동화가 끝난 부분에서 연결하여 이야기 만들기를 한다.
- 역할극: 동화 내용의 등장인물로 역할극으로 활동한다.
- 종이연극: 등장인물을 입체 종이인형 만들기 활동 후 종이인형극놀이를 한다.
- 개사하기: 동화 내용을 요약하여 개사한다.
- 노래 부르기: 개사한 노랫말을 노래 부르기로 연결하여 활동한다.
- 그림악보 그리기: 그림을 보고 가사를 기억하여 노래 부르기 활동을 한다.
- 약속 음악 활동: 음악이 나오면 점토정리 후 음악이 끝나면 만들기 활동을 한다.
- 음악 강화: 아동행동에 대한 강화음악으로 활용한다.

활동 후에 이야기 나누기

- 작품결과물에 대한 이야기 나누기
- 활동에 대한 이야기 나누기
- 개사한 노랫말에 대한 느낌 이야기 나누기

10. 동화를 활용한 음악치료 사례

동화를 활용한 음악치료 사례 1

- 주제: 동화 읽기 음률놀이(포르테, 피아노, 크레센도, 데크레센도)
- 준비물: 악상기호 만들기, 동화책
- 목표 및 기대효과
    - 동화 읽기를 음률을 넣어 활동함으로써 아동 발달을 돕고 자신감 향상
- 지시어: 동화 읽기를 악상기호 사인에 따라 읽어 보세요.
- 활동순서
    - 이완하기
    - 음악 활동(동화 읽기)
    - 활동주제(방법) 알려 주기
    - 음률 넣어 책 읽는 방법 알려 주기
    - 악상 기호 만들기
    - 악상 기호를 보고 책 읽기
    - 활동 후에 이야기 나누기
- 활동사례 살펴보기

| 포르테
(큰 소리 읽기) | 피아노
(작은 소리 읽기) | 크레센도
(점점 크게 읽기) | 데크레센도
(점점 여리게 읽기) |

● 상담사례 질문기법

    – 악상기호 만들기 중 어려웠던 기호는 무엇인가요?

    – 가장 재미있는 모양의 기호는 무엇인가요?

    – 가장 큰 소리로 읽는 기호는 무엇인가요?

    – 부드러운 소리로 읽는 기호는 무엇인가요?

    – 어머니의 목소리를 악상기호로 나타낸다면 어느 것일까요?

    – 내 목소리를 악상기호로 나타낸다면 어느 것일까요?

    – 나에게 가장 어울리는 목소리는 어떤 목소리인가요?

● 활동 후 질문 만들기

1

2

3

4

5

🌈 동화를 활용한 음악치료 사례 2

- 주제: 동화 내용으로 노랫말 만들기(콩쥐팥쥐)
- 준비물: 동화책, A4, 연필, 태블릿, Maestro Program
- 목표 및 기대효과
  - 자신이 개사한 노랫말을 발표하고 노래 부르는 활동으로 자신감 향상
- 지시어: 콩쥐팥쥐 동화를 읽고 내용을 요약하여 섬집아기 멜로디에 새로운 노랫말을 만들어 보세요.
- 활동순서
  - 동화를 읽고 이야기 나누기
  - 재미있는 장면이나 인상 깊은 장면 이야기 나누기
  - 내용 이해하기
  - 섬집아기 원곡 멜로디 들려주기
  - 마인드맵으로 내용 요약하기
  - 요약한 내용을 노랫말로 바꾸기
  - 노래제목 만들기
  - Maestro를 활용하여 악보를 만들어 제공되는 멜로디로 노래 부르기
  - 노래 부르기
  - 활동 후에 이야기 나누기

● 활동사례 살펴보기

제목 : 착한 콩쥐(원곡: 섬집아기)

1절

콩쥐는 엄마 없이 / 힘들게 살았어요
엄마가 섬 그늘에…… (생략)

새엄마 나쁜 엄마 / 콩쥐 불쌍해요
아기는 혼자남아…… (생략)

팥쥐가 노는 동안 / 열심히 일해요
바다가 불러주는…… (생략)

오늘도 힘들었다. / 울며 잠들어요
팔 베고 스르르르…… (생략)

2절

콩쥐는 혼자남아 / 일을 했어요
아기는 잠을 곤히…… (생략)

새엄마 시킨 일들 / 언제 다-할까
갈메기 울음 소리…… (생략)

그런데 착한 콩쥐 / 모두 도와줘요
다 못찬 굴 바구니…… (생략)

콩쥐는 잔칫집가다 / 멋진 원님 만났어요.
엩마는 모랫길을…… (생략)

📝 Maestro Program 활용방법

- Maestro application 다운로드
- Maestro 사용방법 익히기
  - 음표 넣기, 쉼표 넣기 음표와 쉼표 지우기
  - 악보 음높이 조절하기
  - 박자에 맞는 마디 안에 악보 넣기
- 다장조 악보 만들기
- 개사한 가사 Maestro 악보에 옮기기
- Maestro 멜로디 연주에 맞추어 노래 부르기

● 상담사례 질문기법

　　– 섬집아기 노래의 느낌은 어떤가요?

　　– 내가 만든 '착한 콩쥐' 노랫말은 어떤 느낌이 드나요?

　　– 섬집아기 노랫말 중 바꾸고 싶은 부분은 어디인가요?

　　– '착한 콩쥐'노래제목은 마음에 드나요?

　　– 노랫말에 새엄마와 팥쥐가 등장하지 못한 이유는 무엇인가요?

　　– 콩쥐는 멋진 원님과 어떻게 살았을까요?

　　– 콩쥐는 원님과 행복하게 살면서 팥쥐를 만났을까요?

　　– 새엄마와 팥쥐는 무엇을 잘못했나요?

● 활동 후 질문 만들기

1

2

3

4

5

제11장

동화를 활용한 아동 행동수정

7. 행동수정의 이해

행동수정의 정의

- 부정적이거나 바람직하지 못한 행동을 바람직한 행동으로 수정하기 위해 여러 가지 기법과 과정을 학습하여 문제행동을 점진적으로 소거하는 활동이다.

행동특성의 분류

- 외현적 행동: 개인의 행동이 다른 사람에 의해 관찰되고 기록되는 것이다.
- 내현적 행동: 개인의 내면에서 발생한다.

행동수정의 치료적 접근방법

- 내담자의 일상적인 환경을 적극적으로 구조화한다.
- 치료의 목적에 맞게 일상 환경을 변화시킨다.
- 방법과 이론적 근거를 정확하게 서술한다.
- 행동수정은 일상생활에 자주 적용 가능하다.
- 내담자에게 과제를 제공하여 스스로 일상행동의 변화를 기대할 수 있다

*이 장은 『행동수정』(Matin & Pear, 2015)을 참고하였다.

2. 정적 강화의 효과적인 적용을 위한 지침

증가시킬 행동을 선택하기

- 쉽게 사용 가능한 것: 행동을 구체적으로 관찰하여 가장 쉽게 수정 가능한 것부터 행동수정을 계획한다.
- 바람직한 행동 후에 즉각적으로 제시할 수 있는 것: 바람직한 행동 후에 후속 행동을 제시할 수 있는 것으로 선택한다.
- 여러 번 사용해도 좋은 것: 많이 사용하는 것으로 선택한다.
- 소모하는 데 시간이 많이 걸리지 않는 것: 빨리 소모되고 자주 필요한 것으로 제공한다.

정적 강화 적용하기

- 시작하기 전에 계획을 설명한다.
  - 선행행동 후에 오는 문제행동에 따른 규칙이나 제한점을 설명한다.
- 바람직한 행동 직후에 강화한다.
  - 바람직한 행동 후 격려와 칭찬, 사회적 강화를 제공한다.
- 강화물을 주면서 바람직한 행동에 대해 말한다.
  - 강화물을 제공하고 바람직한 행동이 반복되도록 지지한다.
- 강화물을 줄 때 칭찬과 신체 접촉을 많이 한다.
  - 강화물 제공 시 칭찬과 따뜻함이 전해지는 신체 접촉을 많이 한다.
- 말을 다양하게 구체적으로 한다.
  - 사회적 강화 시 칭찬을 다양하게 많이 사용한다.

프로그램을 점진적으로 마치기

- 강화물을 점진적으로 제거하고 행동을 유지한다.
  - 문제행동을 급격하게 소거하면 다시 퇴행으로 돌아오기 쉬우므로, 문제행동을 점진적으로 소거하고 행동을 유지할 시간을 제공한다.
  - 수정된 행동의 빈도가 증가하거나 유지될 때 제공되던 강화물(간식, 물품, 표정언어, 표현언어 등)을 점차 줄인다.
- 행동의 빈도가 증가하면 자연적 강화물을 환경 내에서 제공한다.
  - 행동수정의 빈도가 증가하면 생활환경 내에서 자연스럽게 강화물을 제공한다.
- 가끔 강화를 주고 행동 빈도가 유지되게 하고 프로그램 종결 후 주기적 평가를 계획한다.
  - 수정된 행동은 자칫 퇴행하기 쉬우므로 행동이 유지되도록 가정으로 돌아가 훈습 활동을 일반화시키며 간접관찰 행동 평가지를 통하여 가정에서 행동이 유지되는지 구체적으로 관찰하는 것이 필요하다.

3. 부적 강화

● 부적 강화의 원리

- 행동이 발생한 직후 어떤 자극(혐오자극)이 증가한다는 것이다.

    예) 아동이 흐트러진 행동을 보일 때 경보음이 울리고 바른 자세를 보일 때 경보소리가 멈

    춘다면 아동이 좋은 자세를 취할 가능성이 높아진다.

● 부적 강화의 효과

- 혐오자극을 소거시킨 문제행동은 긍정반응이 강화된다.

4. 효과적인 행동수정을 위한 지침

- 반응 선택하기
  - 소파에서 뛰어다닌다.
  - 침대 위에서 뛰어다닌다.
- 바람직한 대안 반응을 위한 조건 극대화
  - 대안 행동이 강화된다.
  - 바람직한 대안 행동이 일어날 가능성을 높게 만드는 촉진자극을 제공한다.
  - 적절한 계획에 따라 강력한 강화물을 사용하여 바람직한 행동을 강화한다.
- 처벌받을 반응의 원인 최소화하기
  - 훈련 초기에 바람직하지 않은 행동을 강화하는 요소를 최대한 소거한다.
- 효과적인 벌칙 선택
  - 바람직하지 않은 행동에 즉각적으로 수반되는 효과적인 벌칙을 선택하여 활용한다.
  - 바람직하지 않은 행동 뒤에 정적 강화를 제공하지 않는다.
  - 바람직하지 않은 행동 뒤에 매번 제공할 수 있는 벌칙을 선택한다.
- 처벌받을 반응의 원인 최소화하기
  - 훈련 초기에 바람직하지 않은 행동을 강화하는 요소를 최대한 소거한다.
- 벌칙 주기
  - 감소시켜야 할 반응이 나온 후 즉각적으로 벌칙을 제공한다.
  - 감소시켜야 할 반응이 나타날 때마다 벌칙을 제공한다.
  - 바람직하지 않은 행동에 대한 처벌이 정적 강화와 짝지어지지 않도록 주의한다.
  - 벌칙을 침착하고 중립적인 태도로 제시한다.

5. 행동 프로그램의 설계

- 주의집중 프로그램의 설계
  - 주 호소 문제를 기준으로 설계한다.
  - 주의집중 관련 활동을 구체적으로 구조화한다.
  - 놀이 활동을 통한 주의집중 활동을 제공한다.
  - 주의집중을 돕는 부모 양육태도에 대한 교육을 실시한다.
  - 다양한 영역으로 일반화한다.
- 또래관계 프로그램의 설계
  - 내담자의 주 호소 문제를 먼저 다룬다.
  - 상호작용 활동을 구체적로 구조화한다.
  - 놀이 활동을 통해 사회성 활동을 제공한다.
  - 또래관계 상호작용의 이해를 돕는다.
  - 가족 상호작용에서 또래 상호작용으로 일반화한다.

6. 행동 프로그램 설계 결정 시 유의점

내담자를 위한 의뢰인지 확인

- 내담자에게 이익이 되는 것인지의 여부를 판단한다.
  - 내담자가 아동일 경우 아동을 통해 부부의 불편을 해결하기 위해서 상담을 의뢰하는지 구분할 필요가 있다.
- 치료 목표가 다른 사람들의 이익을 위한 것은 중립을 유지할 필요가 있다.
  - 내담자를 위한 상담인지 면접 시 정확히 평가한다.
- 내담자에게 해를 끼칠 수 있다고 판단되는 의뢰는 치료를 고려한다.
  - 내담자를 위한 상담 의뢰인지 판단하여 부부의 문제를 해결하기 위한 수단으로 의뢰되었을 때는 치료를 고려한다.

문제가 내담자에게 중요한 것인지 예측

- 문제해결 후 다른 사람에게 혐오감을 덜 주게 되는가?
- 바람직한 행동이 발생할 것인가?

문제행동과 치료 목표 구체화

- 내담자의 문제행동에 대한 정의를 내릴 수 있는가?
- 객관적으로 문제를 구체화시킬 수 있는가?
- 의뢰인이 문제라고 생각하는 것을 해결해 줄 수 있는가?

🔍 다른 전문가에게 의뢰해야 할 필요성 확인

● 당신은 그 문제를 다룰 수 있는 적격자인가?
● 적합한 상담을 위한 전문가의 조언이 필요한가?

✏️ 문제를 쉽게 다룰 수 있는지 확인

● 바람직하지 않은 문제행동에 대처할 만한 바람직한 행동을 정의할 수 있는가?
● 새로운 행동을 학습하기 위해 꼭 필요한 선행 기술의 활용이 가능한가?
● 치료에서 다루어야 할 문제의 우선순위를 정하여 문제를 해결할 수 있는가?

7. 평가 절차의 선택과 실행

 평가 절차를 실행하는 과정

- 문제행동 모니터링: 부모를 통하여 아동의 문제행동에 다양한 방향으로 접근한다.
- 현재의 자극 통제 파악: 문제행동이 어떤 패턴으로 일어나고 있는지 어떤 상황에 발생하는지를 파악한다.
- 문제행동을 지속시키는 결과 파악: 어떤 반응에 아동의 문제행동이 유지되는지 파악한다.
- 관련된 의학적/건강상/개인적 변인 모니터링: 아동의 현재 건강 상태에 따른 변인이 아닌지 알아본다.
- 문제행동을 대체할 바람직한 행동 파악: 문제행동을 대신할 약속행동을 만들어 실천 가능한지 파악한다.

행동수정의 부가적 고려사항

- 문제행동은 얼마나 자주 일어나는가?
- 얼마나 빨리 행동이 변화해야 하는가?
- 제시한 문제가 행동결핍인가?
- 제시한 문제가 과잉행동인가?

프로그램 실행 시 고려 사항

● 중재자가 자신의 역할과 책임을 이해하고 있는가?

● 흥미롭게 참여 가능한가?

● 내담자에게 얼마나 유익한가?

● 프로그램에 대한 확신을 가질 수 있도록 신뢰형성이 되었는가?

프로그램 실행 후 문제행동의 변화 관찰

● 문제행동: 손가락 빨기, 손톱 깨물기, 짜증, 울음, 휴대폰으로 게임하기, TV시청
  – 문제행동의 빈도와 행동변화를 기록지를 활용하여 기록한다.

● 관찰기록지

〈약속행동 관찰 기록지〉

날짜	상황	아동의 선행행동	어머니의 대처	아동의 행동
2/5	저녁을 먹으려 할 때 아동의 수저가 없음	자신의 수저가 없다며 짜증을 냄	수저가 없을 때 어떻게 하기로 했지? 〈약속행동 알려 줌〉	'아 참!' 하며, 수저를 직접 가져옴 or 말을 듣지 않고 계속 짜증 냄 → 아동의 실제 표현행동 기록.

8. 프로그램의 평가

 프로그램의 평가를 위한 질문

- 내담자의 주 호소 문제는 해결되었는가?
- 설계한 프로그램은 만족할 만한 효과가 있는가?
- 어떤 평가도구를 기준으로 무엇을 계획하였는가?
- 기록된 사항이 정확한가?
- 내담자를 위한 상담인가?
- 내담자에게 상담의 목표에 관한 정보를 제시하였는가?
- 문제행동 소거를 위한 부작용은 없는가?
- 강화물 사용에 도움 줄 사람은 있는가?
- 아동에게 긍정 효과가 있는가?
- 부모에게 긍정 효과가 있는가?
- 내담자의 주 호소 문제는 해결되었는가?

프로그램 평가를 위한 지침

- 기록된 행동이 수정되고 있는지 확인한다.
  - 행동수정은 행동이 치료 중에 변화할 수 있어서 중간평가를 진행하는 것이 용이하다
- 프로그램의 진전 정도에 만족하는지 확인한다.
  - 주 호소 문제가 소거되는 과정에서 내담자 부모의 의견이나 만족도를 확인한다.
- 프로그램 중 어떤 단계를 추가하거나 삭제해야 하는지 점검한다.
  - 내담자의 성향에 따라 프로그램을 전환하거나 추가하여 활동 가능하다.
- 목표 달성을 위해 적절한 프로그램을 유지할 것인지 결정한다.
  - 수정된 행동을 유지하기 위해 유사한 활동으로 훈습 과정이 필요한지 관찰한다.

9. 동화를 활용한 행동수정 사례

 동화를 활용한 행동수정 사례 1

- 제목: 동화책을 읽는 동안
- 준비물: 동화책, 보드마카
- 목표 및 기대효과
  - 산만한 행동을 하는 아동에게 동화책을 읽는 동안 미션을 제공하여 동화에 집중하게 할 수 있다.
- 지시어: 선생님이 동화책을 읽으면 손이 손그림 안에 있고 동화를 멈추면 그림 밖으로 나오세요.
- 활동순서
  - 동화책 읽기 놀이
  - 동화책을 읽는 동안 약속행동을 정하기
  - 손그림을 그리고 동화를 읽는 동안 자세 유지하기
  - 동화를 읽는 동안 그림이 지워지지 않도록 활동하기
  - 약속행동을 정하여 동화를 읽을 때와 읽지 않을 때의 미션 행동을 사용하게 하기
  - 활동 후에 이야기 나누기

● 활동사례 살펴보기

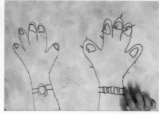
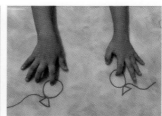

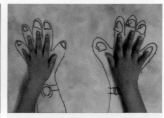

• 동화를 소리 내어 읽어요.
 – 손본뜨기 후 동화 읽는 동안 자세 유지하기

• 손그림이 달라졌어요.
• 처음 그림과 달라진 곳 찾아서 지우기

• 동화를 소리 내어 읽어요.
 – 동화책을 읽는 동안 풍선을 잡고 있어요. 동화책을 읽는 동안 손그림이 지워지지 않도록 자세를 유지해요.

● 상담사례 질문기법

 – 동화를 읽는 소리가 들리면 마음이 어떤가요?

 – 움직이지 않은 내 손을 보면 어떤가요?

 – 나도 움직이지 않을 수 있을까요?

 – 학교에서 선생님의 목소리가 들리면 어떤 자세로 있으면 좋을까요?

 – 친구가 말할 때 나는 어떤 자세로 이야기했나요?

 – 내가 말하고 있을 때 엄마가 잘 들어 주지 않으면 마음이 어떤가요?

 – 친구들이 내가 하는 말을 잘 들어 주지 않으면 마음이 어떤가요?

 – 책을 읽을 때 어떤 자세로 읽으면 내용에 집중하는 데 도움이 될까요?

● 활동 후 질문 만들기

1
2
3
4
5

🌈 동화를 활용한 행동수정 사례 2

● 제목: 멜로디가 있는 동화책 읽기 go stop!
● 준비물: 동화책
● 목표 및 기대효과
  – 산만한 행동을 하는 아동에게 동화책을 읽는 동안 미션을 제공하여 동화에 집중하게 할 수 있다.
  – 미션 활동으로 행동을 제어할 수 있다.
● 지시어: 선생님의 멜로디 동화가 들리면 활동하고 멜로디 동화가 멈추면 활동을 멈추어 보세요.

● 활동순서

　- 동화책 읽기 놀이

　- 동화책을 읽는 동안 교사의 책읽기에 따라 활동 규칙을 정하기

　- 음률을 넣어 동화를 읽기

　- 약속행동을 정하여 음률동화를 읽을 때는 활동하고 음률동화를 읽지 않을 때는 움직임을
　　멈추기

　- 활동 후에 이야기 나누기

● 활동사례 살펴보기

동화책을 읽을 때는 동작 go!
치료사가 동화책을 읽고 있는 동안은 아동이 자유롭게 활동하고 있다.

동화책 읽기를 멈추면 동작도 stop!
치료사가 동화책 읽기를 멈추면 아동의 행동은 동화 읽기를 멈춘 시점부터 부동자세로 유지된다.

● 상담사례 질문기법

　　– 동화를 읽는 소리가 들리면 마음이 어떻게 움직이나요?

　　– 몸을 움직이지 않고 있으면 불편한 것은 무엇인가요?

　　– 소리에 따라 움직이지 않을 수 있을까요?

　　– 다른 친구가 움직일 때 움직이지 못하면 어떤 것이 불편한가요?

　　– 높은 목소리로 동화책을 들으면 어떤 것이 좋은가요?

　　– 낮은 목소리로 동화책을 들으면 어떤 것이 좋은가요?

　　– 나는 어떤 높이의 목소리가 가장 예쁜(멋진)가요?

　　– 우리 가족 중 누구의 목소리가 가장 예쁜가요?

● 활동 후 질문 만들기

1

2

3

4

5

참고문헌

강새로운(2018). 마음코딩 동화치료. 부산: 한국동화치료연구소.

강새로운, 박차숙, 안선진, 안정은, 윤성희, 이정희, 하은경(2018). 나의 바오밥 나무 이야기. 경기: 좋은땅.

김소영(2018). 어른을 위한 그림책 테라피. 서울: 피그말리온.

김유숙, 고모리 야스나가, 최자원(2016). 놀이를 활용한 이야기 치료. 서울: 학지사.

김하영(2007). 한국 전래동화집 발행의 현황과 문제점에 관한 연구. 한국교원대학교 교육대학원 석사학위논문.

박희석(2016). 그림책을 활용한 연극치료. 한국예술치료학회.

송영림(2010). 동화치료의 효용성에 관한 연구. 건국대학교 대학원 석사학위논문.

옥금자(2009). 표현예술치료로 만나는 정신건강 이야기. 서울: 시그마프레스.

유가효, 위영희, 문현주, 이희정, 김태은(2014). 놀이치료의 이해. 경기: 양서원.

유주화(2013). 호감가는 아이를 위한 키즈 이미지 코칭. 경기: 좋은땅.

윤성희(2017). 푸드아트테라피와 상담기법. 서울: 학지사.

이성훈(2003). 동화의 이해. 서울: 건국대학교출판부.

이성훈(2014a). 동화론. 서울: 건국대학교출판부.

이성훈(2014b). 동화창작. 서울: 건국대학교출판부.

이성훈(2014c). 동화치료. 서울: 건국대학교출판부.

이성훈(2015). 동화힐링. 서울: 건국대학교출판부.

정소영(2009). 한국전래동화 탐색과 교육적 의미. 서울: 역락.

정여주(2013). 만다라 미술치료 이론과 실제. 서울: 학지사.

정여주(2014). 미술치료의 이해 이론과 실제. 서울: 학지사.

정여주(2015). 어린왕자 미술치료. 서울: 학지사.

정여주(2016). 만다라와 미술치료. 서울: 학지사.

최정원, 이영호(2006). 학습동기 향상 전략. 서울: 학지사

황은영, 정은주, 이유진(2014). 음악심리치료 이론과 실제. 서울: 학지사.

한국교육학술정보원. http://www.riss.kr

Grocke, D., & Wigram, T. (2015). 음악치료 수용기법(*Receptive Methodes in Music Therapy*).
　　　　(문소영, 이윤진 공역). 서울: 학지사.

Martin, G., & Pear, J. (2015). 행동수정(*Behavior Modification*). (임선아, 김종남 공역). 서울: 학지사.

McNeil, C. B., & Hembree-Kigin, T. L. (2013). 부모—아동 상호작용치료(*Parent-Child Interaction Therapy*). (이유니 역). 서울: 학지사.

찾아보기

저자 소개

● **박차숙**(Park Chasook)

미술실기 교원자격, 동화놀이 심리상담전문가, 동화만들기 지도전문가, 미술심리상담전문가, 놀이심리상담
전문가, 음악심리상담전문가, 코딩놀이 심리상담전문가, 부모교육전문가, 아동행동수정전문가

　현 백양아동청소년 심리상담센터 기관장
　　한국사회복지심리협회 대표
　　한국동화놀이심리상담연구소 소장
　　부산디지털대학교 상담치료학부 교수

〈주요 저서〉
나의 바오밥 나무 이야기: 어른들을 위한 미술 심리 동화(공저, 좋은땅, 2018)

● **이진영**(Lee Jinyoung)

미술심리상담전문가, 가족상담사, 심리상담사
만다라심리상담사, 부모교육전문가, 집단상담전문가, 동화놀이 심리상담전문가

　현 부산디지털대학교 상담치료학부 교수
　　부산디지털대학교 심리상담센터 센터장
　　한국사회복지심리협회 자문위원
　　한국동화놀이심리상담연구소 자문위원

〈주요 저서〉
노년의 활력있는 삶(공저, 부산디지털대학교, 2018)
그림으로 마음 읽기-두 번째 이야기(공저, 하나출판사, 2015)
문제중심학습과 액션러닝을 위한 아이디어 발상기법(공저, 에듀컨텐츠휴피아, 2013)
원격교육이란(코러스미디어, 2004)

● **안병진**(An Byungjin)

동화놀이 심리상담전문가, 코딩놀이 심리상담전문가, 미술심리상담전문가, 놀이심리상담전문가, 음악심리
상담전문가, 코딩지도사전문가, 스피치지도사전문가

　현 백양아동청소년 심리상담센터 심리상담사
　　한국동화놀이심리상담연구소 연구원
　　와이즈코딩 강사

전래동화를 활용한

동화치료

Using Traditional Fairy Tale
Fairy Tale Therapy

2019년 4월 15일 1판 1쇄 발행
2020년 9월 20일 1판 2쇄 발행

지은이 • 박차숙 · 이진영 · 안병진
펴낸이 • 김진환
펴낸곳 • ㈜ **학 지사**
　　　　04031 서울특별시 마포구 양화로 15길 20 마인드월드빌딩
대표전화 • 02)330-5114　　　팩스 • 02)324-2345
등록번호 • 제313-2006-000265호

홈페이지 • http://www.hakjisa.co.kr
페이스북 • https://www.facebook.com/hakjisa

ISBN 978-89-997-1919-6 93180

정가 17,000원

이 도서의 국립중앙도서관 출판시도서목록(CIP)은 서지정보유통지원
시스템 홈페이지(http://seoji.nl.go.kr)와 국가자료공동목록시스템
(http://www.nl.go.kr/kolisnet)에서 이용하실 수 있습니다.
(CIP제어번호: CIP2019012980)

교육문화출판미디어그룹 **학 지사**

심리검사연구소 **인싸이트** www.inpsyt.co.kr
원격교육연수원 **카운피아** www.counpia.com
학술논문서비스 **뉴논문** www.newnonmun.com
간호보건의학출판 **학지사메디컬** www.hakjisamd.co.kr